***Alternatives Economiques Pratique* n° 36 bis** décembre 2008

Fondateur, conseiller de la rédaction : Denis Clerc
Rédaction : 28, rue du Sentier, 75002 Paris
tél. : 01 44 88 28 90
redaction@alternatives-economiques.fr
Abonnement : 5 numéros, 32 €
Institutions : 39,50 €
Directeur de la rédaction : Philippe Frémeaux
Rédacteur en chef : Guillaume Duval
Secrétaire général de la rédaction : Daniel Salles
Responsable des *Alternatives Economiques Pratique* : Naïri Nahapétian
Ont participé à ce numéro : Anne-Lise Bertin, Daniel Fleutôt, Léa Jeannin, Frédéric Larchevêque, François Martin, Gérard Vindt
Secrétariat de rédaction : Charlotte Chartan
Rédactrice graphiste : Julie Brignonen (GHS)
Cartographie : Isabelle Alexandre
Service de presse : Véronique Orlandi
Directeur du développement, partenariats : Pascal Canfin
Directrice commerciale : Hélène Reithler
Chargée de promotion diffusion : Aïssata Seck
Publicité, directeur de clientèle : Jérémy Martinet
Chef de publicité : Nicolas Chabret

Service abonnements :
12, rue du Cap-Vert, 21800 Quétigny
tél. : 03 80 48 10 25 - fax : 03 80 48 10 34
abonnements@alternatives-economiques.fr

Diffusion : en kiosque : Transports presse
en librairie : Dif'pop, 21 ter, rue Voltaire, 75011 Paris, tél. : 01 40 24 21 31, fax : 01 40 24 15 88
Inspection des ventes : Sordiap : Delphine Pellan, tél. 01 42 36 92 04, dpellan@sordiap.fr
Couverture : photo : Nicolas Tavernier/Réa
Photogravure-impression : Imprimerie de Champagne, Langres (52)
CPPAP 0309 I 84446
ISSN 1291-1704
Dépôt légal à parution
Edité par la Scop-SA Alternatives Economiques
Directeur de la publication : Philippe Frémeaux

www.alternatives-economiques.fr

Alternatives Economiques

Les épreuves aux concours des grandes écoles de commerce

- Les corrigés 2008 pour les voies économique et scientifique
- Des corrigés types pour les nouveaux programmes de la voie technologique
- Les programmes, les sujets, des conseils méthodologiques

BeM
Management School
Bordeaux
ESC Bordeaux
Programme Grande Ecole
C'est ici que va naître
un nouveau mode de management
A BEM, nous favorisons l'éclosion de vos talents et plébiscitons l'unicité de votre profil.
Pourquoi ? Parce que les grandes entreprises qui vont vous recruter ne veulent pas de collaborateurs fades et stéréotypés. Parce qu'elles font face à une situation économique nouvelle, difficile, et qu'elles ont envie d'idées neuves, de solutions différentes portées par des personnalités riches et multiples.
Comment ? En adaptant notre pédagogie au rythme de chacun. Nous vous donnons le choix et vous restez maître de votre parcours et de votre rythme en choisissant vos périodes de stage et d'examen.
C'est un système unique, mais depuis 1874 nous revendiquons notre unicité. Voilà pourquoi celle de nos diplômés est si bien reconnue.
Portes Ouvertes : 11 février et 14 mars 2009
Entraînement TREMPLIN : 31 janvier 2009
EFMD
EQUIS
ACCREDITED
www.bem.edu/esc-bordeaux
Chambre de Commerce et d'Industrie de Bordeaux
Accredited by
Association of MBAs

Sommaire

Editorial

Des atouts pour réussir

Cette huitième édition entièrement mise à jour du guide pratique « Les épreuves aux concours des grandes écoles de commerce » propose un vaste panorama des sujets proposés aux élèves de classes préparatoires. Les années précédentes, nous proposions déjà aux candidats des filières économique et scientifique des corrigés pour les épreuves d'analyse économique et historique des sociétés contemporaines, ainsi que d'histoire, géographie et géopolitique du monde contemporain. Cette année, nous proposons également des corrigés types pour l'épreuve d'économie passée par les candidats de la filière technologique, dont le programme a changé depuis septembre 2007. Nous consacrons ainsi plusieurs pages à la présentation de ce nouveau programme qui va modifier la nature des épreuves dès la session 2009.

Notre guide complète ainsi les annales publiées par les éditeurs spécialisés. Il prodigue de nombreux conseils méthodologiques, adaptés à chaque voie, et donne la liste des sujets sortis ces dernières années (à l'exception de ceux de la voie technologique, puisque son programme a changé).

Ce travail mené sous la direction de la rédaction d'*Alternatives Economiques* – qui compte dans ses rangs d'anciens diplômés de grandes écoles de commerce – a été rédigé par une équipe d'enseignants en classes préparatoires.

Cette année encore, les sujets demandaient de maîtriser parfaitement les connaissances censées être acquises durant les deux années de prépa. Sans jamais se présenter comme de simples questions de cours, ils permettent aux correcteurs de juger des qualités d'analyse et de problématisation des candidats. Aussi, il est important pour les étudiants de bien suivre l'actualité et de s'informer en lisant beaucoup.

Vous ne trouverez pas ici de potion magique pour réussir à coup sûr les différentes épreuves. C'est d'abord le suivi des cours, le travail personnel, les lectures – d'*Alternatives Economiques*, de notre guide pratique « L'essentiel de l'économie », mais pas seulement ! – et l'entraînement offert par les devoirs sur table et les colles qui, seuls, peuvent vous conduire à la réussite. Ce guide vous permettra en outre de mieux mesurer ce qui vous attend, et donc de mieux vous y préparer. Bon courage !

Philippe Frémeaux et Naïri Nahapétian

Se repérer dans les concours

Quelques conseils et une présentation des grandes écoles de commerce qui recrutent des étudiants issus des classes préparatoires économiques et commerciales.

Choisir son école

Il existe en France de nombreuses écoles de commerce qui assurent de bonnes conditions d'insertion à leurs diplômés, mais elles n'offrent pas toutes le même niveau ni les mêmes qualités d'enseignement. Comment s'y retrouver dans un secteur dominé par les établissements privés ?

Tout d'abord, 56 écoles sont reconnues par l'Etat et la chambre d'industrie et du commerce. Parmi elles, 49 sont reconnues par la Conférence des grandes écoles (voir leur liste sur www.cge.asso.fr). Certaines sont accessibles directement après le bac, mais la majorité d'entre elles le sont après deux ans de prépa commerciale (voie économique, scientifique ou technologique). Il existe également certains labels (par exemple, le label européen Equis ou l'accréditation américaine de *Business School*) qui garantissent la qualité des enseignements.

N'hésitez pas à prendre en compte dans votre choix les spécialisations proposées. En effet, de nombreuses écoles offrent, outre les spécialisations « traditionnelles » dans la finance, le marketing ou le management, un master qui leur est spécifique : par exemple, la spécialisation dans les métiers du luxe à l'ESC Reims ou le développement durable à l'Escem Tours-Poitiers. Les partenariats avec le monde professionnel ou académique, les moyens mis à la disposition des étudiants, l'accessibilité des échanges avec les universités partenaires sont également des critères à prendre en compte.

Les écoles dont il est principalement question ici sont les grandes écoles de commerce, c'est-à-dire celles qui recrutent des étudiants issus des classes préparatoires économiques et commerciales et qui piochent en majeure partie leurs sujets dans la banque commune d'épreuves écrites pour le haut enseignement commercial (BCE, dite ESCP-EAP) et dans la banque Ecricome. Les plus grandes écoles (Essec, HEC) organisent en outre un certain nombre d'épreuves qui leur sont spécifiques.

Ces écoles recrutent sur concours, dont le programme est celui des classes préparatoires économiques et commerciales, au sein desquelles existent trois options : économique, scientifique et technologique. Nous évoquons ici les épreuves d'analyse économique et historique des sociétés contemporaines en voie économique, d'histoire, géographie et géopolitique du monde contemporain en voie scientifique, et d'économie en voie technologique. La préparation se fait en deux ans. Certaines écoles organisent en plus un recrutement direct en deuxième année à destination de certains diplômés de l'enseignement supérieur. Seuls les sujets des concours ouverts aux élèves des classes préparatoires sont présentés dans ce guide. Par ailleurs, notre hors-série n'a pas pour objectif de « recenser » l'ensemble des écoles de commerce, et nous nous excusons par avance de ne pas avoir référencé certaines d'entre elles.

Trente-neuf écoles

• **HEC,** Ecole des hautes études commerciales, 1 rue de la Libération, 78351 Jouy-en-Josas Cedex, tél. : 01 39 67 70 00, courriel : debieu@hec.fr, site : www.hec.fr

• **Essec,** Ecole supérieure des sciences économiques et commerciales, av. Bernard-Hirsch, BP 50105, 95021 Cergy-Pontoise Cedex, tél. : 01 34 43 30 00, courriel : essecinfo@essec.fr, site : www.essec.fr

• **ESCP-EAP,** 79 av. de la République, 75543 Paris Cedex 11, tél. : 01 49 23 20 00, courriel : info.fr@escp-eap.net, site : www.escp-eap.net

• **EM Lyon,** Ecole de management de Lyon, 23 av. Guy-de-Collongue, 69134 Ecully Cedex, tél. : 04 78 33 78 00, courriel : info@em-lyon.com, site : www.em-lyon.com

• **Edhec,** Ecole des hautes études commerciales du Nord, 58 rue du Port, 59046 Lille Cedex, tél. : 03 20 15 45 00, courriel : edehcinfo@edhec.edu, site : www.edhec.com

• **ESC Grenoble,** Grenoble Ecole de management, Europôle, 12 rue Pierre-Semard, BP 127, 38003 Grenoble Cedex 1, tél. : 04 76 70 60 60, courriel : info@grenoble-em.com, site : www.grenoble-em.com

• **Audencia,** Ecole de management de Nantes, 8 route de la Jonelière, BP 31222, 44312 Nantes Cedex 3, tél. : 02 40 37 34 34, courriel : concours@audencia.com, site : www.audencia.com

• **IECS,** Ecole de management de Strasbourg, 61 av. de la Forêt-Noire, 67085 Strasbourg Cedex, tél. : 03 90 41 42 00, site : www.em-strasbourg.eu*

• **ESC Dijon,** 29 rue Sambin, BP 50608, 21006 Dijon Cedex, tél. : 03 80 72 59 00, courriel : contact@escdijon.eu, site : www.escdijon.com

• **Ecole de management de Normandie,** Campus du Havre : 30 rue de Richelieu, 76087 Le Havre Cedex, tél. : 02 32 92 59 99, site : www.ecole-management-normandie.fr* Campus de Caen : 9 rue Claude-Bloch, 14052 Caen Cedex 4, tél. : 02 31 46 78 78.

• **ESC Rennes,** 2 rue Robert-d'Arbrissel, CS 76522, 35065 Rennes, tél. : 02 99 54 63 63, site : www.esc-rennes.fr*

• **ESC Amiens,** Groupe Sup de Co Amiens-Picardie, 18 place Saint-Michel, 80038 Amiens, tél. : 03 22 82 23 00, courriel : information@supco-amiens.fr, site : www.supco-amiens.fr

• **ESC Pau,** 3 rue Saint-John-Perse, BP 7512, 64075 Pau Cedex, tél. : 05 59 92 64 64, courriel : info@esc-pau.fr, site : www.esc-pau.fr

• **ESC Clermont,** 4 bd Trudaine, 63037 Clermont-Ferrand Cedex 1, tél. : 04 73 98 24 24, courriel : info@esc-clermont.fr, site : www.esc-clermont.fr

• **ESC Lille,** av. Willy-Brandt, 59777 EuraLille, tél. : 03 20 21 59 62, site : www.esc-lille.fr*

• **Ceram Sophia-Antipolis,** 60 rue Dostoïevski, BP 085, 06902 Sophia-Antipolis, tél. : 04 93 9545 45, courriel : info-esc@ceram.fr, site : www.ceram.fr

• **Escem,** Ecole supérieure de commerce et de management Tours-Poitiers, site : www.escem.fr
Campus de Poitiers, 11 rue de l'Ancienne-Comédie, BP 5, 86001 Poitiers Cedex 3, tél. : 05 49 60 58 00.
Campus de Tours, 1 rue Léo-Delibes, BP 0535, 37205 Tours Cedex 3, tél. : 02 47 71 71 71.
Campus du Futuroscope, Téléport 2, av. Cassin, BP 10204, 86962 Futuroscope Cedex, tél. : 05 49 49 48 48.

• **ESC Montpellier,** Sup de Co Montpellier, 2 300 av. des Moulins, 34185 Montpellier Cedex 4, tél. : 04 67 10 25 00, site : www.esc-supdeco-montpellier.com*

• **ESC Toulouse,** 20 bd Lascrosses, BP 7010, 31068 Toulouse Cedex 7, tél. : 05 61 29 49 49, site : www.esc-toulouse.fr*

• **ESC Bretagne Brest,** 2 av. de Provence, CS 23812, BP 7214, 29238 Brest Cedex 3, tél. : 02 98 34 44 44, courriel : info@esc-bretagne-brest.com, site : www.esc-brest.fr

• **ESC Chambéry,** Savoie Technolac, 73381 Le Bourget-du-Lac Cedex, tél. : 04 79 25 32 54, site : www.esc-chambery.fr*

•••

•••

• **ESC La Rochelle,** 102 rue des Coureilles, Les Minimes, 17024 La Rochelle Cedex 1, tél. : 05 46 51 77 00, courriel : com@esc-larochelle.fr, site : www.esc-larochelle.fr

• **ESC Saint-Etienne,** 51-53 cours Fauriel, BP 29, 42009 Saint-Etienne Cedex 2, tél. : 04 77 49 24 50, courriel : info@esc-saint-etienne.fr, site : www.esc-saint-etienne.fr

• **ESC Troyes,** 217 av. Pierre-Brossolette, BP 710, 10002 Troyes Cedex, tél. : 03 25 71 22 22, site : www.groupe-esc-troyes.com*

• **Bordeaux Management School,** 680 cours de la Libération, 33405 Talence Cedex, tél. : 05 56 84 55 55, courriel : info@bem.edu, site : www.bem.edu

• **Euromed Marseille,** Domaine de Luminy, BP 921, 3288 Marseille Cedex 9, tél. : 04 91 82 78 00, site : www.euromed-management.com*

• **Reims Management School,** 59 rue Pierre-Taittinger, BP 302, 51061 Reims Cedex, tél. : 03 26 77 47 47, courriel : service.com@reims-ms.fr, site : www.reims-ms.fr

• **ESC Rouen,** 1 rue du Maréchal-Juin, BP 215, 76825 Mont-Saint-Aignan Cedex, tél. : 02 32 82 57 00, courriel : info@groupe-esc-rouen.fr, site : www.groupe-esc-rouen.fr

• **ICN Business School,** 13 rue du Maréchal-Ney, 54000 Nancy, tél. : 03 83 39 64 89, site : www.icn-groupe.fr*

• **ISC Paris School of Management,** 22 bd du Fort-de-Vaux, 75017 Paris, tél. : 01 40 53 99 99, courriel : service.concours@groupeisc.com, site : www.iscparis.fr

• **Négosup,** Groupe Négocia, 8 av. de la Porte-de-Champerret, 75838 Paris Cedex 17, tél. : 01 44 09 32 00, courriel : infoweb@negocia.fr, site : www.negocia.fr

• **Télécom Ecole de management,** 9 rue Charles-Fourier, 91011 Evry Cedex, tél. : 01 60 76 40 40, courriel : admission@telecom-em.eu, site : www.telecom-em.eu

• **ESLSCA,** Ecole supérieure libre des sciences commerciales appliquées, 1 rue Bougainville, 75007 Paris, tél. : 01 45 51 32 59, site : www.eslsca.fr*

• **Ecole de management de Strasbourg,** Institut supérieur de commerce international de Dunkerque, 129 av. de la Mer, BP 69, 59942 Dunkerque Cedex 02, tél. : 03 28 29 29 28, site : www.iscid.com*

• **Inseec,** Institut des hautes études économiques et commerciales, 31 quai de la Seine, 75019 Paris, tél. : 01 42 09 99 17, et 26 rue Raze, 33000 Bordeaux, tél. : 05 56 00 73 73, courriel : nmercier@groupeinseec.com, site : www.inseec-france.com

• **Enass,** Ecole nationale d'assurances, Paris La Défense 8, 20bis Jardins Boieldieu, 92071 La Défense Cedex, tél. : 01 47 76 58 00, courriel : infoenass@enass.fr, site : www.ifpass.fr

• **ESC Compiègne,** 32 rue Hippolyte-Bottier, 60200 Compiègne, tél. : 03 44 38 55 00, courriel : info@esc-compiegne.com, site : www.esc-compiegne.com

• **ESG,** Ecole supérieure de gestion, 25 rue Saint-Ambroise, 75011 Paris, tél. : 01 53 36 44 00, courriel : esg@esg.fr, site : www.esg.fr

• **ISG,** Institut supérieur de gestion, 8 rue de Lota, 75116 Paris, tél. : 01 56 26 26 26, site : www.isg.fr*

* Lorsque les adresses électroniques ne sont pas précisées, cela signifie qu'il est possible d'envoyer un courriel uniquement par l'intermédiaire du site Internet.

Les banques de sujets pour les épreuves à caractère économique

La plupart des écoles puisent leurs sujets dans des banques d'épreuves. Néanmoins, compte tenu de l'existence de regroupements et du fait que les plus grandes écoles organisent un certain nombre d'épreuves spécifiques, le passage des écrits constitue un marathon pour les candidats. Dans le même temps, ce grand nombre d'épreuves donne une chance de décrocher des admissibilités, même si on a raté une épreuve particulière. La note attribuée à un candidat pour une épreuve vaut pour toutes les écoles où il est inscrit et qui dépendent d'une même banque d'épreuves. Mais chaque école pondère ces notes selon des règles propres, si bien qu'un candidat peut être ici admissible et là pas, alors qu'il s'agit des mêmes épreuves et des mêmes notes. Les inscriptions aux concours se déroulent en janvier (voire en février) et les concours ont lieu entre la fin du mois d'avril et juin.

Pour les concours 2009, voici les regroupements :

– La BCE (Banque commune d'épreuves) gère le recrutement de la majorité des écoles. Mais au sein de la BCE, toutes les écoles n'utilisent pas les mêmes épreuves.

Les cinq plus grandes écoles (HEC, Essec, ESCP-EAP, EM Lyon, Edhec) utilisent pour certaines matières des épreuves spécifiques. Ainsi, en filière économique, l'épreuve d'économie est différente pour HEC, pour l'Essec et pour l'ESCP-EAP. Pour d'autres matières, elles utilisent l'épreuve d'une des quatre autres. Par exemple, en filière scientifique, l'épreuve à caractère économique d'HEC est celle proposée par l'ESCP-EAP, également choisie par l'EM Lyon, l'Edhec, Audencia.

D'autres utilisent les épreuves proposées par les cinq grandes et font un « mix » : elles peuvent en « emprunter » une à HEC, une à l'Essec, deux à l'ESCP-EAP, etc. C'est le cas d'Audencia, de l'ESC Grenoble, du Ceram, de l'ESC Lille, de l'ESC Toulouse, de l'ESC Dijon, de l'ESC Rennes, de l'IECS Strasbourg, de Télécom Ecole de management, de l'ESC Clermont, de l'ESC Pau, de l'ESC Amiens, de l'ESC Brest et de l'ISC.

– D'autres écoles dites ESC utilisent des épreuves communes à toutes et pour toutes les matières. Il s'agit de l'ESC Chambéry, de l'ESC La Rochelle, de l'ESC Montpellier, de l'EM Normandie, de l'ESC Saint-Etienne et de l'ESC Troyes.

Certaines écoles, seulement associées à la BCE, utilisent des épreuves BCE ou ESC en complément de leurs propres épreuves. Il s'agit de l'Enass, de l'ENSAE, de l'ESLSCA, de l'ESM Saint-Cyr, de l'Inseec, de l'Ecole de management de Strasbourg et de l'ISG. Les élèves admissibles à HEC, l'Essec et l'ESCP-EAP, après avoir passé cette banque d'épreuves, peuvent entrer à l'ENS Cachan suite à un oral d'admission.

– La banque Ecricome propose quant à elle pour chaque matière une épreuve unique avec deux sujets au choix pour les six écoles qu'elle regroupe : ESC Rouen, Reims Management School, BEM, Euromed Marseille Ecole de management, ICN Business School Nancy et Escem Tours-Poitiers.

Dans tous les cas, les épreuves portent sur le même programme, lequel diffère selon l'option choisie en prépa (économique, scientifique ou technologique).

Les épreuves à caractère économique aux concours d'admission 2008

Ecoles	Banque d'épreuves ou école conceptrice [1]	Coefficient pour l'économie / le total des écrits — Options			
		Scientifique	Economique	Technologique	Littéraire [5]
HEC	ESCP-EAP [2]	6 / 30	7 / 30	5 / 30	
Essec	Essec	6 / 30	7 / 30	6 / 30	
ESCP-EAP	ESCP-EAP [3]	5 / 30	7 / 30	5 / 30	
EM Lyon	ESCP-EAP [3]	5 / 30	8 / 30	5 / 30	
Edhec	Essec	6 / 30	6 / 30	5 / 30	
ESC Grenoble	ESCP-EAP [3]	6 / 30	8 / 30	6 / 30	
Audencia	ESCP-EAP [3]	5 / 30	6 / 30	7 / 30	
Ecole de management de Strasbourg	ESCP-EAP [3]	5 / 30	6 / 30	5 / 30	
ESC Dijon	ESCP-EAP	6 / 30	7 / 30	5 / 30	
Ecole de management de Normandie	ESC	5 / 30	7 / 30	5 / 30	
ESC Rennes	ESCP-EAP	5 / 30	7 / 30	5 / 30	
ESC Amiens	ESCP-EAP [4]	5 / 30	5 / 30	4 / 30	
ESC Pau	ESCP-EAP [3]	4 / 30	8 / 30	4 / 30	
ESC Clermont	ESCP-EAP [4]	6 / 30	7 / 30	5 / 30	
ESC Lille	ESCP-EAP [3]	5 / 30	6 / 30	4 / 30	
Ceram	ESCP-EAP [3]	6 / 30	7 / 30	8 / 30	
Escem	Ecricome	5 / 25	5 / 25	4 / 25	3 / 25
ESC Montpellier	ESCP-EAP	5 / 30	5 / 30	5 / 30	
ESC Toulouse	ESCP-EAP [3]	6 / 30	6 / 30	6 / 30	
ESC Brest	ESP-EAP	6 / 30	5 / 30	4 / 30	
ESC Chambéry	ESC	6 / 30	5 / 30	4 / 30	
ESC La Rochelle	ESC	5 / 30	7 / 30	5 / 30	
ESC Saint-Etienne	ESC	5 / 30	5 / 30	4 / 30	
ESC Troyes	ESC	5 / 30	5 / 30	4 / 30	
ESC Bordeaux	Ecricome	5 / 25	6 / 25	4 / 25	3 / 25
Euromed Marseille	Ecricome	5 / 25	5 / 25	3 / 25	4 / 25
ESC Reims	Ecricome	5 / 25	5 / 25	4 / 25	4 / 25
ESC Rouen	Ecricome	4 / 25	6 / 25	4 / 25	4 / 25
ICN Nancy	Ecricome	5 / 25	6 / 25	4 / 25	4 / 25
ISC	ESCP-EAP [4]	6 / 30	8 / 30	4 / 30	
Télecom Ecole de management	ESCP-EAP [3]	6 / 30	7 / 30	5 / 30	
Inseec	ESC	6 / 30	7 / 30	5 / 30	
Enass	ESCP-EAP [3]	3 / 12	3 / 12	3 / 12	
ISCID	ESC	3 / 16	3 / 16	pas d'épreuve d'économie	
ESLSCA	ESC	5 / 30	6 / 30	6 / 30	
ISG	ESC	6 / 30	7 / 30	6 / 30	

[1] Identique pour les trois options, sauf mention contraire.
[2] Sauf pour l'option économique, gérée par HEC.
[3] Sauf pour l'option technologique, gérée par l'Essec.
[4] Sauf pour l'option technologique, gérée par l'ESC.
[5] Depuis 2008, les élèves de l'option littéraire B/L ont le choix de composer soit en mathématiques soit en « sciences économiques et sociales » (précédemment, ils ne pouvaient le faire qu'en mathématiques).

Les programmes officiels

OPTION ÉCONOMIQUE

■ Analyse économique et historique des sociétés contemporaines

Ce programme a pour objet l'étude des principaux phénomènes économiques et sociaux aux XIXe et XXe siècles. Il vise à donner aux étudiants des instruments d'analyse et des clés de compréhension du monde contemporain. Se situant principalement dans la continuité des enseignements de la série économique et sociale (ES) du baccalauréat général, il constitue la spécificité disciplinaire du concours d'entrée, option économique, dans les écoles supérieures de commerce.

Le programme s'articule sur deux ans, pour permettre le développement du travail personnel et l'acquisition de méthodes propres aux sciences économiques, à l'analyse historique et, plus généralement, aux sciences sociales (analyse des sociétés contemporaines). Cette démarche doit conduire les étudiants à nourrir et mûrir une réflexion autonome à propos de phénomènes complexes.

Programme

Première année :

1. Le cadre général des activités économiques et sociales
   - Population et travail. Principes élémentaires d'analyse démographique.
   - Les grandes fonctions économiques (production, répartition, consommation...).
   - Les différentes formes d'organisation économique et sociale.
2. La croissance économique au XIXe siècle
   - La révolution industrielle : le rôle de la révolution agricole, de la révolution démographique et des innovations ; la naissance de l'entreprise capitaliste et les phénomènes de concentration.
   - Naissance de l'économie politique : les classiques et l'économie marxiste ; le courant néoclassique.
3. Croissance et développement du capitalisme au XXe siècle
   - Les croissances : principaux faits et typologie des facteurs (travail, capital, progrès technique).
   - Les théories de la croissance : croissance équilibrée, croissance déséquilibrée, croissance endogène.
   - Croissance et transformation de l'appareil productif.
   - L'entreprise et le développement économique.
4. Fluctuations et crises
   - Les fluctuations de la croissance et les crises économiques : faits, interprétations et théories ; le multiplicateur et l'accélérateur ; les théories monétaires et financières du cycle.
   - Les mouvements de longue durée (les travaux de Kondratieff et de Schumpeter, et les analyses contemporaines).
5. Le financement de l'économie
   - La monnaie et le crédit : fonctions et évolution des formes de monnaie ; les mécanismes de la création monétaire.
   - Les circuits de financement de l'économie dans les grands pays industrialisés (financements directs et financements intermédiés).
   - L'émergence et la constitution des systèmes financiers de la révolution industrielle à nos jours.
6. Le rôle de l'Etat dans la vie économique et sociale

– Analyse économique du rôle et des fonctions de l'Etat.

– Le poids et l'action de l'Etat dans l'économie et la société : passé et présent.

7. Les différentes formes de structures sociales

– Eléments de sociologie : objet et méthodes ; les grands courants d'analyse.

– Principes et critères des classifications sociales.

– L'évolution des structures sociales depuis la révolution industrielle (on s'appuie notamment sur le cas français).

Seconde année :

8. L'internationalisation des économies

– L'évolution et les théories des échanges internationaux depuis la révolution industrielle.

– L'organisation des échanges mondiaux et la construction d'espaces économiques régionaux depuis 1945 (on privilégie le cas européen).

– Les firmes multinationales et leur rôle dans l'économie mondiale.

9. Les paiements internationaux

– La balance des paiements et le marché des changes (mécanismes et déterminants du taux de change).

– Système monétaire international et internationalisation financière depuis le XIXe siècle.

– Le système monétaire européen.

10. Déséquilibres et politiques économiques et sociales en économie ouverte

– Les différents types de déséquilibres (inflation, chômage, déséquilibres extérieurs, inégalités sociales...).

– Les différentes formes de politiques économiques et sociales en économie ouverte : politiques budgétaires, politiques monétaires, politiques sociales... analysées à partir d'exemples précis. Etats-Unis, Japon, Allemagne, France (il n'est pas demandé une étude exhaustive de l'histoire des politiques économiques et sociales de ces pays depuis 1945).

11. Le changement social contemporain dans les pays développés à économie de marché

– Développement économique et mutations démographiques.

– Les transformations des niveaux de vie et des modes de vie.

– La mobilité sociale (illustrée à partir du cas français).

12. Les stratégies de développement

– Caractéristiques du sous-développement.

– Réussites et échecs des stratégies de développement.

■ Economie

L'enseignement d'économie dispensé dans les classes préparatoires économiques et commerciales, option économique, a pour objet d'initier aux fondements de l'analyse économique et de faciliter ainsi la compréhension des différents thèmes du programme « d'analyse économique et historique des sociétés contemporaines », notamment par le recours aux méthodes, exercices et travaux constitutifs de la science économique.

Programme

Première année :

1. Microéconomie

– Introduction à la microéconomie (le problème de la rareté, les choix sous contrainte...).

– La demande, l'offre et le marché.

- La théorie économique du choix du consommateur et la courbe de demande.
- La théorie économique du choix du producteur et la courbe d'offre.
- La formation des prix sur les marchés concurrentiels.
- Le monopole et la concurrence monopolistique ; l'oligopole.
- La formation des prix des facteurs de production et la répartition du revenu.
- L'Etat et l'allocation des ressources.

2. La comptabilité nationale : secteurs institutionnels, opérations, comptes, tableaux de synthèse, agrégats

Seconde année :

3. Macroéconomie
   - Introduction à la macroéconomie.
   - Détermination du revenu global.
   - Les déterminants de la consommation et de l'investissement.
   - Fonction de demande globale et d'offre globale.
   - La monnaie et les actifs monétaires.
   - L'équilibre sur le marché des biens et de la monnaie (le modèle IS-LM et l'équilibre global).
   - L'analyse macroéconomique d'une économie fermée et d'une économie ouverte.
   - Les grands courants de la macroéconomie contemporaine (nouvelle école classique et nouvelle école keynésienne).

OPTION SCIENTIFIQUE

■ Histoire, géographie et géopolitique du monde contemporain

Depuis la rentrée scolaire de l'année 2004-2005, les programmes des première et seconde années des classes préparatoires économiques et commerciales option scientifique s'appellent « Histoire, géographie et géopolitique du monde contemporain » et non plus « Histoire et géographie économiques ».

Ces programmes proposent de combiner des approches historique, géographique et géopolitique du monde contemporain. Dans ce cadre, l'histoire économique prend largement en compte les aspects politiques et culturels. En géographie, le programme se centre sur les questions de caractère socio-spatial et géopolitique. L'approche géodynamique continentale a ainsi été préférée aux études monographiques d'Etats, de territoires et de secteurs économiques. La dimension géopolitique est centrée sur la confrontation des différences de développement, de culture et de puissance, qui imprègne le programme.

L'évolution des contenus a d'abord pour but d'inscrire les programmes dans « l'espace européen de l'enseignement supérieur », tout en prenant en compte les objectifs de formation des grandes écoles de commerce et de gestion, notamment en favorisant une réflexion d'ensemble sur le monde contemporain (en donnant plus d'importance à l'entreprise, au débat géopolitique et géoéconomique ; avec la présence de l'Afrique). L'objectif est également d'accompagner l'évolution des programmes d'histoire et de géographie des lycées (et notamment des séries scientifiques), qui s'assortit d'un renouvellement des méthodes (notamment recours à l'étude de cas).

Programme

Première année

1. Les mutations de l'économie mondiale du début du XXe siècle aux années 1970
   1.1. Tableau de l'économie mondiale au début du XXe siècle.

1.1.1. Les sociétés industrielles : technologies et types de croissance, libéralisme et grands flux internationaux, empires coloniaux et hiérarchies de puissance.

1.1.2. La France de la Belle Epoque : un pays en retard ?

1.2. Ruptures de l'économie mondiale d'une guerre à l'autre (1914-1945).

1.2.1. Bouleversements et fragmentations de l'économie mondiale.

1.2.2. Mobilisation économique et rôle de l'Etat : néolibéralisme, dirigisme et planification.

1.2.3. La France de l'entre-deux-guerres entre croissance et immobilisme.

1.3. La croissance et ses formes de la guerre à la crise, 1945 – début des années 1970.

1.3.1. La croissance des pays d'économie libérale. L'exemple de la France des Trente Glorieuses.

1.3.2. La croissance du monde socialiste (URSS et pays du CAEM).

1.3.3. La croissance du tiers monde en recherche du développement.

1.3.4. Le monde du début des années 1970.

2. La mondialisation : genèse, acteurs et enjeux

2.1. Genèse de la mondialisation.

2.1.1. Crise et restructuration de l'économie mondiale des années 1970 aux années 2000 : analyse historique et géopolitique.

2.1.2. La mondialisation : les mutations technologiques et structurelles, les aspects géoéconomiques, la place des Etats et des institutions internationales.

2.1.3. Le nouveau visage de l'économie et de la société françaises dans le dernier quart du XXe siècle.

2.2. Les acteurs de la mondialisation.

2.2.1. Les hommes : les mutations démographiques. Croissance urbaine et métropolisation.

2.2.2. Les entreprises : des structures et des hommes. Stratégies et territoires des entreprises dans le cadre de la nouvelle division internationale du travail.

2.3. Les enjeux de la mondialisation.

2.3.1. Enjeux énergétiques et alimentaires, sécurités quantitative et sanitaire.

2.3.2. Risques et développement durable. La question de l'eau.

2.3.3. Débats et alternatives : alter et antimondialisation.

2.4. Conclusion : la carte du monde au début du XXe siècle.

Seconde année

3. Géodynamique continentale de l'Europe, de l'Afrique, du Proche et Moyen-Orient

3.1. L'Europe.

3.1.1. Identités et diversités en Europe.

3.1.2. La construction européenne et ses dynamiques géographiques.

3.1.3. Les mutations économiques et sociales et leurs conséquences géographiques dans l'Union européenne.

3.1.4. Géopolitique de l'Europe.

3.2. L'Afrique, le Proche et le Moyen-Orient.

3.2.1. Géopolitique de l'Afrique, du Proche et du Moyen-Orient.

3.2.2. La diversité culturelle.

3.2.3. Les enjeux du développement.

4. Géodynamique continentale de l'Amérique et de l'Asie

4.1. Les Amériques.

4.1.1. La construction des territoires et les grandes aires culturelles.

4.1.2. Centres et périphéries continentales.

4.1.3. L'Amérique latine entre développement, indépendances et dépendances.

4.1.4. Les Etats-Unis : économie et société. Des Amériques au monde.

4.2. L'Asie.

4.2.1. Culture, économie et société des trois puissances asiatiques : l'Inde, la Chine, le Japon.

4.2.2. Géopolitique d'un continent multipolaire.

4.2.3. Les espaces asiatiques dans la mondialisation.

OPTION TECHNOLOGIQUE

■ Economie

Le programme d'économie, qui a été revu en 2007, s'adresse à des étudiants qui ont bénéficié, au cours de leur scolarité antérieure dans les sections préparant à la série sciences et technologies tertiaires du baccalauréat, d'un enseignement d'économie et d'économie d'entreprise. Plus précisément, ce programme permet l'articulation entre les acquis de ces classes et les exigences des concours. L'objectif, en classe préparatoire, est moins l'accroissement des connaissances que leur consolidation. Ainsi, il s'agit, au plan méthodologique, de rendre les étudiants maîtres d'un appareil conceptuel de base dans le domaine économique, de leur apprendre à structurer leur pensée, à exercer leur réflexion sur les problèmes actuels, et d'appréhender la pluralité des modèles explicatifs relatifs à l'analyse économique. L'étude des théories économiques est intégrée à celle des différents points du programme. En raison de la richesse de l'approche interdisciplinaire en économie, le programme réalise une fusion marquée des deux disciplines que sont l'économie générale et l'économie d'entreprise. Il est ainsi très fortement recommandé de mettre l'accent, pour l'ensemble des points du programme, sur la complémentarité et la cohérence de ces champs de connaissances.

Programme

1. Les fondements de l'économie de marché

1.1. Les composants et les relations du système économique : les acteurs, les flux et les marchés.

1.1.1. Les agents économiques et leurs fonctions principales.

1.1.2. Les principaux marchés.

1.1.3. Les grands équilibres macroéconomiques : l'équilibre emplois-ressources sur biens et services, l'égalité épargne-investissement.

1.2. Le fonctionnement de l'économie de marché.

1.2.1. Les comportements d'offre et de demande.

1.2.2. La formation et le rôle du prix de marché.

1.2.3. Les structures de marché et les stratégies des firmes.

1.2.4. Les déficiences de marché.

1.3. Un exemple de marché : le marché du travail.

1.3.1. Les comportements d'offre et de demande de travail.

1.3.2. Equilibre et déséquilibre du marché du travail.

1.3.3. Les modalités de la formation des salaires.

2. Les conditions et les finalités de la croissance

2.1. Les facteurs de production.

2.1.1. Le facteur travail, l'évolution de la population active et des qualifications.

2.1.2. Le capital et l'investissement : formes et déterminants.

2.1.3. Le progrès technique.

2.1.4. L'économie de la connaissance.

2.1.5. Les propriétés des facteurs : substituabilité, productivité.

2.2. L'analyse des déterminants de la croissance.

2.2.1. La quantification et le rythme de la croissance économique.

2.2.2. Les facteurs conjoncturels de la croissance.

2.2.3. Les déterminants à long terme de la croissance.

2.3. Le financement de la croissance.

2.3.1. Le financement indirect de l'économie par les établissements de crédits.

2.3.2. Le financement direct de l'économie par le marché financier.

2.4. Les finalités de la croissance.

2.4.1. La croissance et le développement économique.

2.4.2. La croissance et le développement durable.

3. La justification des politiques économiques

3.1. L'intervention des autorités publiques dans l'allocation des ressources.

3.1.1. L'intervention dans le système productif.

3.1.2. La production et le financement de biens collectifs.

3.1.3. La gestion des externalités.

3.2. L'intervention des autorités publiques dans la redistribution des richesses.

3.2.1. La protection sociale : objectifs, résultats.

3.2.2. La correction des inégalités.

3.3. L'intervention des autorités publiques dans la régulation.

3.3.1. L'objectif de stabilité des prix.

3.3.2. Le chômage et la politique de l'emploi.

3.3.3. Les politiques de croissance.

4. L'internationalisation des économies

4.1. Le développement des échanges internationaux de biens et services.

4.1.1. La montée des interdépendances et les orientations géographiques et sectorielles du commerce mondial.

4.1.2. Le libre-échange et les protectionnismes.

4.2. L'organisation des échanges internationaux de biens et de services.

4.2.1. L'OMC : missions, fonctionnement, résultats.

4.2.2. Les autres formes d'organisation des échanges.

4.3. La mobilité internationale du capital.

4.3.1. Les stratégies d'internationalisation des firmes.

4.3.2. La mondialisation du financement de l'activité économique.

4.4. L'Union européenne.

4.4.1. L'intégration économique européenne.

4.4.2. Les politiques économiques européennes.

4.5. Les effets économiques de la mondialisation.

4.5.1. Sur les économies des pays développés.

4.5.2. Sur les économies des pays en développement.

Les sujets d'économie aux concours

Voici les sujets des matières à dominante économique proposés aux concours lors des trois dernières années pour les options économique et scientifique. Par ailleurs, le programme de l'option technologique ayant changé en 2007, nous vous conseillons de vous reporter aux sujets « types » proposés dans le chapitre consacré à cette voie (pages 94 et suivantes).

HEC

Epreuves de 4 heures, 8 pages maximum.

■ **2006**

• **Option économique**

Sujet : L'émergence des nouveaux pays industriels est-elle un frein à la croissance des pays avancés ? Vous répondrez en vous aidant de l'analyse économique et historique et en faisant référence à des exemples historiques précis.

• **Option scientifique**

Sujet 1 : Consommation et consommateurs dans les pays d'économie libérale depuis le début des années 1950.

Sujet 2 : Les innovations scientifiques et techniques dans l'organisation et la dynamique de la mondialisation. Sujet accompagné de documents.

■ **2007**

• **Option économique**

Sujet : La lutte contre la pauvreté depuis le début du XIXe siècle dans les pays développés.

• **Option scientifique**

Sujet : La Méditerranée, jeux d'interfaces économiques et géopolitiques de 1945 à nos jours. Sujet accompagné d'une carte.

■ **2008**

• **Option économique**

Sujet : Les ressources naturelles : obstacle ou moteur pour la croissance économique ? (voir corrigé page 34).

• **Option scientifique**

Sujet : Que reste-t-il aujourd'hui du clivage Nord-Sud ? (voir corrigé page 65). Sujet accompagné d'une carte.

ESSEC

Epreuves de 4 heures, 8 pages maximum.

■ **2006**

• **Option économique**

Sujet : Intérêt et limites de l'intervention de l'Etat.

• **Option scientifique**

Sujet : Les enjeux économiques et géopolitiques des flux et de l'organisation du commerce mondial depuis les années 1980.

■ **2007**

• **Option économique**

Sujet : L'évolution de l'organisation du travail et ses liens avec la croissance.

• **Option scientifique**

Sujet : L'Afrique, un continent toujours périphérique et en mal de développement ?

■ **2008**

• **Option économique**

Sujet : L'Etat-nation est-il en crise ? (voir corrigé page 38).

• **Option scientifique**

Sujet : Le pétrole et le gaz naturel, richesses et armes à risques (voir corrigé page 74). Sujet accompagné d'une carte.

ESCP-EAP

Epreuves de 4 heures, 8 pages maximum.

■ **2006**

• **Option économique**

Sujet : La concentration industrielle est-elle toujours un obstacle à la concurrence ? Vous appuierez vos assertions sur des exemples tirés de l'histoire économique depuis 1850.

• **Option scientifique**

Sujet commun avec HEC.

■ **2007**

• **Option économique**

Sujet : L'inflation est-elle toujours et partout un frein à la croissance économique ?

• **Option scientifique**

Sujet commun avec HEC.

■ **2008**

• **Option économique**

Sujet : L'ouverture internationale a-t-elle modifié fondamentalement la nature des crises financières ? (voir corrigé page 26).

• **Option scientifique**

Sujet commun avec HEC.

ECRICOME

Epreuves de 4 heures.

■ **2006**

• **Option économique**

Sujet 1 : A quels changements les grandes entreprises capitalistes ont-elles dû procéder pour se développer dans l'économie mondiale ?

Sujet 2 : L'internationalisation financière a-t-elle accru les inégalités de développement ?

• **Option scientifique**

Sujet 1 : Les enjeux de la mondialisation pour les économies et les sociétés de l'Amérique latine. Sujet accompagné de documents.

Sujet 2 : Croissance économique et mutations sociales au XXe siècle : y a-t-il une « exception française » ? Sujet accompagné de documents.

■ **2007**

• **Option économique**

Sujet 1 : La dotation en facteurs explique-t-elle l'évolution de la spécialisation internationale des nations ?

Sujet 2 : Les prélèvements obligatoires représentent-ils un frein à la croissance économique dans les PDEM ?

• **Option scientifique**

Sujet 1 : Etats-Unis, Japon, Chine : coopération et rivalités économiques et géopolitiques dans le monde d'aujourd'hui. Sujet accompagné d'une carte sur la géopolitique de la façade asiatique du Pacifique.

Sujet 2 : L'Europe centrale et orientale, de l'expérience communiste à l'intégration européenne (1948-2007) : ruptures et continuités économiques, sociales et géopolitiques.

■ **2008**

• **Option économique**

Sujet 1 : Quel rôle les institutions doivent-elles jouer dans le développement économique des pays ? (voir corrigé page 42).

Sujet 2 : Concurrence monétaire et compétitivité des nations (voir corrigé page 46).

• **Option scientifique**

Sujet 1: Le rapport de l'Europe au monde au début du XXe siècle et au début du XXIe siècle (voir corrigé page 80).

Sujet 2 : Nourrir 6,5 milliards d'hommes (voir corrigé page 86). Sujet accompagné d'une carte.

ESC

Epreuves de 4 heures.

■ **2006**

• **Option économique**

– Dissertation (notée sur 10 points, quatre pages maximum) :

Sujet 1 : Selon le FMI, la croissance économique mondiale, de 1987 à 2006, a connu un doublement du PIB réel pendant cette période. Comment expliquez-vous ce rythme élevé de croissance ?

Sujet 2 : La concurrence économique et sociale au sein de l'Union européenne depuis 1993.

– Questions de cours (2,5 points par question, 200 mots par réponse) :

1. Comment faut-il comprendre l'assertion de Friedrich List : *« Le protectionnisme est notre voie, le libre-échange est notre but ? »*
2. Comparer les méthodes sociologiques d'Emile Durkheim à celles de Max Weber.
3. Définir les trois fonctions de l'Etat selon Richard Musgrave, et les illustrer à partir d'exemples précis, choisis dans l'évolution de l'intervention de l'Etat depuis le XIXe siècle.
4. Quelle est l'explication monétariste de l'inflation ?

• **Option scientifique**

Sujet 1 : Le continent africain face à l'Europe depuis les indépendances.

Sujet 2 : Mondialisation et cadre national : quelles interactions ?

■ 2007

• Option économique

– Dissertation :

Sujet 1 : Les négociations commerciales multilatérales ont-elles favorisé la libéralisation des échanges depuis le milieu des années 1990 ?

Sujet 2 : La classe comme critère de stratification sociale : analysez l'évolution de la pertinence sociologique de ce critère au XXe siècle en France.

– Questions de cours :

1. Quels sont les déterminants des investissements directs à l'étranger ?
2. La loi de Wagner (« loi de l'extension croissante de l'activité publique ») est-elle toujours d'actualité ?
3. L'entreprise réseau, une nouvelle forme d'entreprise : nature et objectifs.
4. Quels sont les principaux enjeux du développement durable ?

• Option scientifique

– Dissertation (notée sur 10 points, quatre pages maximum) :

Sujet 1 : Quelles relations l'Amérique latine entretient-elle avec les Etats-Unis depuis le début du XXe siècle ?

Sujet 2 : Vous analyserez à l'échelle mondiale, comme à celle des Etats et des différents acteurs de la société, les enjeux énergétiques tels qu'ils se dessinent aujourd'hui.

– Questions de cours :

1. Les problèmes agricoles dans les négociations de l'OMC.
2. Croquis : l'Union européenne et ses voisins de l'est et du sud : relations, projets, perspectives.

■ 2008

• Option économique (voir corrigés page 50 et suivantes)

– Dissertation :

Sujet 1 : La place des PME dans l'économie des pays à économie de marché aujourd'hui.

Sujet 2 : Comparer le protectionnisme de la fin du 19ème siècle à celui que l'on a constaté dans le monde depuis les années 1970.

– Questions de cours :

1. La place de l'Etat dans les théories de la croissance endogène.
2. Quelles sont les limites des politiques menées par le FMI depuis le début des années 1980 ?
3. La mobilité sociale a-t-elle connu des transformations dans les 25 dernières années en France ?
4. Quelles sont les raisons qui justifient l'indépendance des banques centrales ?

• Option scientifique

– Dissertation :

Sujet 1 : Le Japon et la Chine, deux puissances concurrentes en Asie.

Sujets 2 : Recherche de leadership et luttes d'influences entre Etats dans le processus de la construction européenne.

– Questions de cours :

1. Les Trente Glorieuses en France.
2. Croquis : l'Afrique : conflits, intégrations, relations avec le reste du monde.

Option économique

Analyse économique et historique des sociétés contemporaines

Avant de présenter des corrigés des sujets Ecricome, ESCP-EAP, Essec, HEC et ESC sortis en 2008, voici quelques conseils pour réussir l'épreuve d'économie. Comment construire sa dissertation et bien se préparer aux concours.

Quelques conseils pour réussir sa dissertation

- D'abord, bien lire le sujet. Il s'agit évidemment d'éviter les contresens : par exemple, le sujet ESC 2005 portait sur « Les conséquences de la mondialisation sur les inégalités économiques depuis les années 1970 dans les pays développés et les pays en développement », c'est-à-dire sur les conséquences entre les deux phénomènes, et non sur la mondialisation ou les inégalités en général. Mais aussi d'éviter les hors-sujet : si l'on précise « depuis 1970 », inutile de sortir de cette période, sauf pour introduire le sujet, ou pour montrer les ruptures ou les modifications intervenues par rapport à la période précédente ; il s'agit surtout d'identifier la problématique, c'est-à-dire l'axe central autour duquel vont devoir tourner les réflexions.

Un conseil : tentez de formuler par écrit cette problématique. Toujours à propos du sujet ESC 2005, on peut décomposer celui-ci en deux phrases interrogatives : le développement économique engendre-t-il des inégalités croissantes ou décroissantes ? Les inégalités sont-elles un obstacle ou une incitation au développement économique ? Il peut arriver que cette première phase vous mette sur la piste d'un plan. Mais ne le déterminez pas trop vite.

- Car la deuxième étape est encore plus importante : elle consiste à écrire, sous forme télégraphique, tout ce que le sujet vous évoque. C'est la phase de créativité, de mobilisation des connaissances. Surtout, ne vous fixez aucune limite dans cet exercice : vous ferez le tri après. N'oubliez pas que les sujets doivent toujours être appuyés sur des connaissances théoriques (listez les auteurs principaux) et historiques. Le plan n'arrive que dans un troisième temps, lorsqu'il faut trier, éliminer, mettre en ordre.

- A partir des éléments rassemblés dans la deuxième phase, posez-vous la question suivante : « Comment puis-je arranger ce matériau pour que cela me donne une réponse pertinente, argumentée et convaincante ? » En d'autres termes, le plan dépend des éléments que vous pouvez mobiliser, et non de la question posée. A condition, bien entendu, que cet argumentaire corresponde bien au sujet : d'où l'importance de l'élimination, après la phase de créativité.

A chaque école son type de sujets

L'expérience montre que le type de sujets proposés par chaque banque d'épreuves possède des particularités propres.

- Les sujets HEC sont brefs, rarement posés sous forme interrogative et ciblent de façon très large, soit parce que la période d'analyse demandée est très longue, soit parce qu'il s'agit de thèmes très généraux. Exemples types : « Causes et conséquences de la tertiarisation des économies avancées » (sujet 2004) ou « La lutte contre la pauvreté depuis le XIXe siècle dans les pays développés » (sujet 2007). Ce type de sujets exige une bonne culture historique, une forte capacité de synthèse (il s'agit de balayer large, donc sans approfondir) et de bonnes références théoriques (car le sujet HEC n'est jamais seulement descriptif : il s'agit de faire le point sur les débats que le thème soulevé a suscités).

– Les sujets Essec s'intéressent avant tout aux grands débats intellectuels de la société contemporaine : « La croissance des pays en développement nuit-elle à la prospérité des pays industrialisés ? » (sujet 2004) ou « Intérêt et limites de l'intervention de l'Etat » (sujet 2006), etc. Le sujet ne nécessitant pas de brosser une grande fresque historique, il faut accentuer le caractère analytique du devoir. Le risque des sujets Essec est de se cantonner dans la théorie, alors que le candidat doit savoir mêler adroitement approche théorique et analyse concrète.

– Les sujets ESCP-EAP sont plus variés. Mais ils s'adossent presque toujours à des questions d'actualité et privilégient la politique économique. Par exemple : « L'ouverture internationale a-t-elle modifié fondamentalement la nature des crises financières ? » (sujet 2008).

– Ecricome (qui propose toujours deux sujets au choix) est assez proche de la problématique générale de l'ESCP-EAP, mais avec une tendance plus grande à privilégier les sujets internationaux. Par exemple : « L'internationalisation financière a-t-elle accru les inégalités de développement ? » (sujet 2006 n° 2) ou « Concurrence monétaire et compétitivité des nations » (sujet 2008 n° 2).

– L'ESC, enfin, propose des sujets très descriptifs (nécessitant de bonnes connaissances factuelles) du type « La place des PME dans l'économie des pays à économie de marché aujourd'hui » (sujet 2008) et les complète par des questions de cours « pointues », pour tester la culture économique du candidat.

Se préparer intelligemment

Il n'y a pas de mystère : la préparation repose sur un travail régulier et approfondi.

– Un travail régulier : d'abord utiliser et maîtriser son cours, puis lire la presse, notamment *Le Monde* et *Alternatives Economiques*, les *Cahiers français* (dont les dossiers sont toujours d'excellente qualité) et, sur des thèmes d'actualité, quelques articles reproduits dans *Problèmes économiques*.

Mais vous ne retiendrez pas tout de cette lecture régulière et attentive d'un quotidien généraliste et d'un mensuel spécialisé. Aussi, faites des fiches de synthèse : sur un sujet donné (par exemple, la mondialisation ou la crise financière), notez les faits qui vous paraissent importants et les analyses qui vous semblent pertinentes. Vous servir également de vos sujets de colles. Quelques semaines avant les épreuves, jetez un œil sur les fiches accumulées (20 à 30, sur autant de sujets différents), pour vous remémorer l'essentiel.

– Un travail approfondi aussi : la presse ne suffit pas, il faut impérativement lire des livres en plus des indispensables manuels d'« Analyse économique et historique des sociétés contemporaines », en particulier la dernière mouture de celui écrit sous la direction d'Alain Beitone et publié aux éditions Armand Colin. Privilégiez les livres de synthèse sur les grands sujets socio-économiques (par exemple sur la protection sociale, la mondialisation, l'Europe, etc.). N'oubliez pas cependant de lire quelques livres devenus des références, comme celui de Daniel Cohen sur la mondialisation et les inégalités, *Richesse du monde, pauvretés des nations* (coll. Champs, éd. Flammarion, 1999), ainsi que des livres sur l'histoire de la pensée économique pour y puiser les références dont vous aurez besoin. Voir également le livre de Denis Clerc, incontournable : *Déchiffrer les grands auteurs de l'économie et de la sociologie* (2 tomes, éd. Syros, 2000). Lire également *Economie. Analyses contemporaines,* de Daniel Fleutôt, Jean-Yves Letessier, Pierre Madelaine et Jean-Pierre Testenoire (éd. Foucher, 2004) [1].

Enfin, pour vous repérer à la fois dans les grands auteurs et leurs ouvrages, consultez le n° 31 des guides *Alternatives Economiques Pratiques*, « Comprendre les économistes », qui présente de manière très accessible les grandes écoles de pensée en économie, les guerres qui les déchirent, mais aussi les lois et les théorèmes forgés par les économistes.

[1] Vous pouvez aussi utiliser *Sociologie. Analyses contemporaines* (éd. Foucher, 2006), conçu sur le même principe.

■ ■ ■

Sujet : L'ouverture internationale a-t-elle modifié fondamentalement la nature des crises financières ? (ESCP-EAP, 2008).

Présentation du sujet

Le sujet de l'ESCP-EAP est le plus important pour les candidats de la voie économique, car il concerne 18 écoles. Il s'inscrit pleinement dans le programme des deux années de classes préparatoires. Le thème de l'ouverture internationale est le fil directeur du programme de seconde année (chapitre 8 : « L'internationalisation des économies » ; chapitre 9 : « Les paiements internationaux » ; et chapitre 10 : « Déséquilibres et politiques économiques en économie ouverte »). Celui des crises, en particulier financières, se retrouve dans le chapitre 4 (« Fluctuations et crises ») et le chapitre 5 (« Le financement de l'économie ») du programme de première année.

Cependant, si le cadre de l'ouverture internationale apparaît très large, le candidat doit se focaliser non pas sur l'évolution de la nature des crises en général, mais sur celle des crises financières en particulier. C'est sur ce point que résident sans aucun doute la difficulté du sujet et son intérêt. L'articulation de la réponse doit tourner autour des changements dans la nature des crises financières.

La délimitation temporelle et spatiale est à préciser par le candidat. Il semble logique de retenir l'après-1945 (dit « second XXe siècle ») étant donné que c'est surtout à partir de 1945 (1947 avec le Gatt, Accord général sur les tarifs douaniers et le commerce) que les échanges internationaux se développent, mais des références à l'entre-deux-guerres (avec la crise de 1929) et au XIXe siècle (crises financières lors de la Grande Dépression) sont les bienvenues. Concentrer l'analyse sur les pays développés semble évident, mais il y a aussi à regarder du côté des pays émergents. Faire des références à la crise actuelle des *subprime*, même si lors de la sortie du sujet, la crise n'était pas aussi aiguë qu'aujourd'hui. Enfin, il est essentiel de définir une crise financière. *« Une crise financière résulte de la combinaison d'une crise boursière, d'une crise bancaire et, la plupart du temps, d'une crise de change »* (*Dictionnaire des sciences économiques*, éd. Armand Colin, 2007).

Corrigé

Dominique Strauss-Kahn, le nouveau directeur général du Fonds monétaire international (FMI), est revenu, lors de sa première conférence de presse en avril 2008 à propos de la crise des *subprime* américains (prêts hypothécaires à surprime), sur la distinction fondamentale en sciences économiques entre économie et finance, et particulièrement entre crises économique et financière.

Une crise financière résulte de la combinaison d'une crise boursière (dénommée couramment krach boursier), qui se repère par l'effondrement général des cours des titres sur une ou plusieurs places boursières, d'une crise bancaire (faillites ou difficultés importantes de trésorerie des banques commerciales) et, parfois, d'une crise de change (dépréciation des monnaies en changes flottants, dévaluation en changes fixes). Les crises financières sont loin d'être nouvelles. Ainsi, en 1630, éclate une crise spéculative sur les oignons de tulipes en Hollande (voir, sur la « tulipomania », *Brève histoire de l'euphorie financière*, par John Kenneth Galbraith, éd. du Seuil, 1992), qui peut apparaître comme la première crise boursière de l'économie moderne. Cependant, si ces crises financières ne sont pas récentes, elles se sont développées avec l'industrialisation au XIXe siècle. Ainsi, de nombreuses crises financières apparaissent sur la deuxième moitié du XIXe siècle, liées en particulier au développement du chemin de fer. L'ouverture internationale des économies qui s'accélère après 1945 – accords du Gatt en 1947 – et surtout dans les années 90 semble avoir joué un rôle non négligeable dans la diffusion des crises financières. Cependant, la période récente (depuis les années 80-90) semble être marquée par des crises avant tout financières, ce qui semblait être moins le cas pour la période fordiste. En quoi l'ouverture internationale a-t-elle pu modifier la nature même des crises financières ?

Pour répondre à cette question, nous verrons, dans un premier temps, que les crises financières se sont intensifiées, sont devenues récurrentes avec l'ouverture croissante des économies. Puis, dans un deuxième temps, nous montrerons que la diffusion de ces crises s'accélère avec l'ouverture internationale des économies et que les moyens de les contrôler sont de plus en plus réduits et de moins en moins efficaces.

1. Des crises financières répétées et récurrentes qui renvoient à la nature financière de l'ouverture internationale

A. La nature de l'ouverture internationale a modifié celle des crises financières

▪ L'ancienne régulation fordiste semblait limiter l'impact des crises financières

– Durant la période fordiste (1945-1973), les crises financières avaient quasiment disparu. Les principes d'un financement intermédié (économie d'endettement au sens de John Richard Hicks), dans lequel les banques assuraient le financement par le crédit et les Etats ou les institutions financières internationales contrôlaient plus ou moins l'organisation du système financier et monétaire (banques centrales, banques commerciales sous tutelle étatique, FMI...), ne donnaient que très peu de place aux marchés financiers. Les crises n'étaient que très peu souvent de nature financière. Ainsi, le général de Gaulle disait-il que *« l'économie ne se fait pas à la corbeille »* pour montrer que le financement de l'économie française ne se réalisait pas par l'intermédiaire de la Bourse, mais bien par celui des banques que l'Etat détenait en majorité.

– La mise en place du système de Bretton Woods (parités fixes, rôle du dollar) à partir de 1944 permettait également une stabilité de l'économie mondiale. La nature monétaire de la crise financière était fortement atténuée, en particulier lors du premier Bretton Woods, quand le dollar était aussi bon que l'or (de 1944 au début des années 60).

– La crise financière des années 30 a plutôt joué comme un facteur de marginalisation des marchés financiers dans le financement des économies de l'immédiat après-guerre.

– Ainsi, l'ouverture internationale dans les années 50-60 ne s'est pas accompagnée de crises financières nombreuses et aiguës et s'est même développée dans un cadre institutionnalisé de stabilité monétaire et financière. Il y avait un fort encadrement et une forte institutionnalisation de l'économie mondiale évitant ou atténuant les crises financières (analyses de Michel Aglietta ou encore de Dominique Plihon).

▪ **Le passage à une libéralisation financière a amplifié la place et le poids des crises financières**

– Le tournant se situe à la fois lors des années 70 et au début des années 80. 1970, car c'est la fin de l'ancienne régulation fordiste avec, surtout, sur les plans financier et monétaire, la fin de Bretton Woods. Le dollar, qui jouait un rôle de stabilisateur dans l'économie mondiale, inverse son rôle : il devient plutôt déstabilisateur. Les crises financières par voie monétaire (fluctuations fortes des taux de change) deviennent fréquentes. Exemples : les crises financières et monétaires en Asie à partir de juillet 1997, en particulier en Thaïlande mais aussi en Russie (1998) et en Amérique du Sud (Brésil, Argentine).

1980, car c'est le retour des politiques libérales, en particulier en ce qui concerne la libéralisation des marchés des produits et des capitaux (consensus de Washington). L'économie mondiale se finance dorénavant principalement via les marchés financiers (financement dit désintermédié ou économie de marchés financiers). Ainsi, les économies sont de plus en plus dépendantes des résultats des marchés financiers. Ce n'est pas d'emblée l'ouverture internationale qui sensibilise davantage l'économie mondiale aux marchés financiers, mais l'orientation libérale de la mondialisation ; tournant pris à partir des années 80. Citons l'ouverture totale des marchés de capitaux en Europe à partir de juillet 1990.

– La progression rapide des mouvements de capitaux a permis un financement plus aisé de l'économie mondiale, mais elle a aussi accentué les décalages entre l'offre et la demande de capitaux. Le marché de la finance ne fonctionne pas nécessairement comme celui des marchandises, car tout repose sur des anticipations d'une valeur future marquée par des incertitudes de résultats (voir les analyses de John Maynard Keynes reprises en partie par André Orléan). Ainsi, lorsque les attentes ne correspondent pas aux résultats, le décalage prend la forme d'une crise financière, et ce décalage s'est accru avec la globalisation financière.

– Des marchés financiers de plus en plus importants (en volume comme en valeur), un financement de l'économie mondiale qui passe principalement par ces marchés, des principes de marché qui guident de plus en plus la régulation internationale créent toutes les conditions pour que l'économie mondiale soit de plus en plus dépendante des résultats des marchés financiers.

B. La multiplication des crises financières peut apparaître comme la marque d'une nouvelle étape de l'ouverture des économies

▪ **La crise financière comme reflet du nouveau capitalisme financier**

– Pour Dominique Plihon, le nouveau capitalisme est caractérisé par le développement des nouvelles technologies de l'information et de la communication, mais aussi et surtout par la globalisation financière. Cette dernière affirme la primauté des marchés financiers dans le financement de l'économie mondiale en voie de forte libéralisation : ouverture des marchés financiers, innovations financières, déréglementation, décloisonnement des marchés de capitaux... Ainsi, un marché mondial de l'argent émerge, ce qui oblige à avoir en permanence un équilibre entre l'offre et la demande. Les décalages récurrents entre l'offre et la demande de capitaux débouchent sur des crises financières également récurrentes.

– Le nouveau capitalisme mondial est aussi devenu bancaire, c'est-à-dire que les grandes banques internationales ont développé des stratégies de concentration internationale délaissant les logiques nationales (cadre de la régulation fordiste). Les banques sont devenues des actrices principales des marchés financiers par le volume de leurs capitaux (passage d'une intermédiation de bilan à une intermédiation de marché). Certes, elles placent leurs capitaux sur le marché obligataire, mais également sur celui des actions, ce qui peut accentuer les risques de crise financière. La nature bancaire des crises financières s'est fortement développée avec la globalisation financière.

▪ **Des crises financières de plus en plus spéculatives**

– Si la spéculation financière n'est pas récente, la nature même de l'ouverture internationale accentue le caractère spéculatif des crises financières. La recherche par les firmes multinationales du profit immédiat (critère du *return on equity* estimé à 15 %) marginalise la fonction d'investissement des marchés financiers (cette logique de long terme étant la logique initiale du marché financier) au bénéfice d'une logique de résultats à court terme (capitalisme actionnarial).

– Les nouveaux acteurs et structures créent les conditions du développement de crises financières spéculatives : paradis fiscaux, fonds de pension, fonds spéculatifs (*hedge funds*), acteurs privés, nouveaux produits de nature spéculative comme les produits dérivés… Citer aussi le rôle non négligeable d'amplification spéculative joué par les agences de notation (Standard & Poor's, Moody's, par exemple) et, d'une manière générale, par l'ensemble des spécialistes de la finance, presse comprise.

– L'ouverture internationale a pu impulser des phases de croissance économique intense (comme dans les années 90 avec la « nouvelle économie »), ce qui a pu inciter les agents économiques à se surendetter et à anticiper des résultats toujours plus élevés (une thèse soutenue par des économistes comme Irving Fisher ou encore Hyman Minsky). Cette euphorie financière retombe à un moment donné, comme on a pu le vérifier avec les crises de l'Internet (2000-2001) et des *subprime* (2007-2008).

2. Des crises financières qui tendent à se diffuser plus amplement et rapidement sans suffisamment de contrôle et aux conséquences économiques et sociales importantes

A. Libéralisation financière et internationalisation des risques

▪ **L'ouverture des économies accentue la diffusion des crises financières**

– Les marchés financiers sont de plus en plus connectés entre eux. Les moyens techniques, mais également les déréglementations et l'ouverture totale de ces marchés ont amélioré cette interdépendance. Ainsi, les résultats financiers des grandes places financières (New York, Londres, Tokyo ou encore Shanghai et Pékin) influencent les résultats des autres places. Dès qu'un marché est touché par une crise, il y a des réactions sur l'ensemble des places financières mondiales. Bien évidemment, tout dépend de l'ampleur de la crise et du pays qui en est à l'origine. La crise des *subprime* démontre bien cette interconnexion du capitalisme financier mondial.

– Effet dominos, effet papillon repérés lors de la crise asiatique qui débute en juillet en Thaïlande et qui touchera très rapidement d'autres pays de la zone : Malaisie, Indonésie,

Philippines, Corée du Sud, voire Japon. Mais également la Russie en 1998 et le Brésil, puis, par la suite, l'Argentine. Les interconnexions entre les économies accentuent les fragilités, en particulier monétaires et financières, de certaines économies, débouchant alors sur des crises financières.

▪ **La montée d'un risque systémique ou de crises financières aux implications économiques fortes et nombreuses**

– La dérive spéculative permanente et croissante des marchés financiers apparaît comme le risque le plus important pesant sur les marchés financiers eux-mêmes, mais surtout sur les économies. Lorsque le risque financier se réalise, il ne se limite pas seulement à la sphère financière, il entraîne dans la tourmente l'ensemble de l'économie voire des économies. La Banque des règlements internationaux (BRI) estime que les montants des transactions financières sont 50 fois supérieurs à la valeur des échanges de biens et de services. Le décalage croissant entre la sphère financière et la sphère économique fait peser un risque énorme sur l'ensemble du système économique.

– Michel Aglietta parle de risque systémique qu'il établit à plusieurs niveaux :

• la crise financière se poursuit très souvent en crise bancaire, puis en crise économique et sociale ;

• la crise financière est supportée par l'ensemble des économies, il y a une diffusion en chaîne de cette crise ;

• la crise financière crée des perturbations économiques telles qu'il est impossible de revenir à la situation d'origine et surtout à une situation d'équilibre stable. Ce n'est pas un simple choc : celui-ci diffuse des ondes déstabilisatrices sur le long terme.

B. Des crises financières salvatrices mais aussi perturbatrices qu'il s'agit de mieux encadrer et contrôler

▪ **Des crises financières qui peuvent être salvatrices pour les économies et les sociétés, mais aussi fortement inégalitaires**

– Des crises financières plus nombreuses peuvent apparaître, pour certains auteurs libéraux (remontant à l'analyse de Jean-Baptiste Say), comme la marque d'une capacité de l'économie mondiale de marché à s'autoréguler. La crise financière serait de nature à révéler les dysfonctionnements, mais en les effaçant afin que le capitalisme gagne en efficacité. A ce discours, d'autres rétorquent qu'au contraire, ce capitalisme est en train de s'autodétruire (Patrick Artus et Marie-Paule Virard) ou qu'il marche sur la tête (Joseph Stiglitz). Cependant, certaines crises financières n'ont pas débouché sur des crises économiques majeures (comme lors du krach de 1987 ou encore de l'e-krach de 2000-2001), voire même ont été suivies de périodes de reprise. L'action des banques, surtout centrales, et des fonds souverains ont pu parfois limiter les conséquences trop graves des crises financières.

– Une plus grande vulnérabilité des pays en développement (PED). Avec l'ouverture économique et financière des PED, leurs économies sont devenues de plus en plus dépendantes de leurs résultats financiers, mais également de ceux des autres pays. Le cas actuel de la Chine est représentatif de cette réalité. L'économie chinoise très florissante est totalement dépendante des résultats de sa Bourse.

– Les inégalités se retrouvent aussi entre les secteurs (certains sont délaissés par la Bourse, d'autres très convoités, ce qui réduit les capacités de développement), entre les catégories de la population (les couches populaires et une partie des couches moyennes ne sont que très peu, voire pas concernées par les marchés financiers et elles subissent souvent plus durement les conséquences d'une crise financière).

▪ Pour une nouvelle architecture financière internationale

– Davantage de responsabilité sociale des entreprises et des entrepreneurs afin d'éviter les scandales comme ceux d'Enron (2001) ou de Worldcom (2002). Faire référence à la loi Sarbanes-Oxley aux Etats-Unis (2002).

– Améliorer la transparence et la surveillance des marchés financiers afin d'atténuer les risques ou de mieux les anticiper. Renforcement du contrôle des institutions chargées de cette surveillance, comme l'Autorité des marchés financiers (AMF) à Paris ou la Securities and Exchange Commission (SEC) à New York.

– Renforcer les règles dites prudentielles qui visent à prévenir les faillites bancaires et assurer le bon fonctionnement des marchés financiers en fixant des objectifs de solvabilité des opérateurs. Dans ce domaine, la BRI, créée en 1930, définit des ratios comme le ratio Cooke (Bâle 1) ou le ratio Mc Donough (Bâle 2) afin de fixer des normes en matière de prêts bancaires en fonction des fonds propres des banques.

– Améliorer la coordination des politiques économiques et surtout monétaires, c'est-à-dire qu'en cas de crise financière, il s'agit de réagir rapidement en injectant des fonds afin d'éviter l'enfoncement dans la récession (concertation entre les grandes banques centrales, rôle du G8 et du FMI). Cette coordination est apparue à certains moments, surtout des krachs boursiers (sauvetage de l'*hedge found* LTCM en 1998, injection de liquidités par les banques centrales en 2008), mais assez peu lors de mouvements monétaires récents (sous-évaluation du yuan, surévaluation de l'euro).

– Définir plus précisément le prêteur en dernier ressort. Aujourd'hui, les banques centrales semblent jouer ce rôle bien que Patrick Artus dénonce la rigidité de la Banque centrale européenne (BCE), se focalisant trop exclusivement sur son objectif d'inflation. Au niveau international, il y a une tendance à la privatisation du prêteur en dernier ressort au détriment du FMI, ce qui accroît les prises de risques.

– Instaurer une taxe sur les mouvements de capitaux spéculatifs inspirée de la taxe Tobin (1972). Il s'agirait d'établir une taxe (entre 0,5 % et 1 % du montant des échanges) afin de limiter les mouvements spéculatifs. Dans le domaine monétaire, John Williamson (1983) propose de définir des zones cibles afin de réduire la volatilité des taux de change dans le cadre d'une politique monétaire internationale coopérative.

Conclusion

Les crises économiques ne sont pas d'emblée et naturellement d'ordre financier. Elles ont été, en particulier lors du XIXe siècle, plutôt d'ordre agricole et industriel, mais la teneur financière des crises économiques s'est développée et imposée à partir du second XXe siècle. Cependant, les crises économiques actuelles ne sont pas non plus exclusivement financières, mais les interconnexions entre sphères économique et financière se sont fortement affirmées. Ainsi, il devient difficile, voire impossible de ne pas associer aujourd'hui crise économique à crise financière et vice versa. La nature financière des crises économiques est sans aucun doute une des marques du capitalisme moderne ou du « *supercapitalisme* », pour reprendre le titre du dernier livre de Robert Reich. La mondialisation et la globalisation financières ont été, sans conteste, des facteurs essentiels de cette évolution dans la nature des crises économiques.

Les crises financières n'ont pas que des origines et des conséquences financières ou économiques. Elles concernent et touchent la société dans sa globalité. En cela, elles sont un fait social total au sens de Marcel Mauss. Ainsi, penser une nouvelle régulation financière pour entrevoir une nouvelle régulation économique suppose aussi de penser une nouvelle régulation sociale au niveau de la répartition des revenus, de l'action des institutions et d'une nouvelle éthique financière.

Corrigé proposé par Daniel Fleutôt,
professeur d'AEHSC en classes préparatoires économiques et commerciales
au lycée Charles-de-Gaulle, à Caen.

POUR APPROFONDIR

- « Les crises financières », par Robert Boyer, Mario Dehove et Dominique Plihon, *Rapport du Conseil d'analyse économique* n° 50, éd. La Documentation française, 2004.
- Le nouveau capitalisme, par Dominique Plihon, coll. Repères, éd. La Découverte, 2004.
- *Le capitalisme est en train de s'autodétruire*, par Patrick Artus et Marie-Paule Virard, éd. La Découverte, 2007.
- *Economie. Analyses contemporaines*, Daniel Fleutôt (dir.), éd. Foucher, 2004.
- *Le pouvoir de la finance*, par André Orléan, éd. Odile Jacob, 1999.
- *Les théories des crises économiques*, par Bernard Rosier, coll. Repères, éd. La Découverte, 2003.
- *Analyse économique et historique des sociétés contemporaines*, Alain Beitone (dir.), éd. Armand Colin, 2007.
- *Les déséquilibres financiers internationaux*, par Anton Brender et Florence Pisani, coll. Repères, éd. La Découverte, 2007.
- « Le financement de l'économie », *Cahiers français* n° 331, éd. La Documentation française, 2006.
- *Dérives du capitalisme financier*, par Michel Aglietta et Antoine Rebérioux, éd. Albin Michel, 2004.
- *Désordres dans le capitalisme mondial*, par Michel Aglietta et Laurent Berrebi, éd. Odile Jacob, 2007.
- *Les incendiaires. Les banques centrales dépassées par la globalisation*, par Patrick Artus, éd. Perrin, 2007.
- « Hyman Minsky et le capitalisme rongé par l'instabilité financière », *Alternatives Economiques* n° 258, mai 2007.
- « Dossier Spécial crise », *Alternatives Economiques* n° 274, novembre 2008.
- « Où va la finance internationale ? », dans « Les chiffres de l'économie 2008 », *Alternatives Economiques*, hors-série n° 74, 4e trimestre 2007.
- « Quatre pistes pour réguler la finance », *Alternatives Economiques* n° 267, mars 2008.
- « Pour une réponse européenne à la crise financière », *Alternatives Economiques* n° 269, mai 2008.
- « La finance », *Alternatives Economiques*, hors-série n° 75, 1er trimestre 2008.
- Dossier « Les mécanismes de la mondialisation financière » sur www.alternatives-economiques.fr/dossiers

■ ■ ■

Sujet : Les ressources naturelles : obstacle ou moteur pour la croissance économique ? (HEC, 2008).

Présentation du sujet

Le sujet HEC de cette année est tout à fait dans l'actualité de l'augmentation des prix des matières premières (surtout du pétrole) et pose une question centrale en économie. Le sujet rentre aussi dans le débat autour du développement durable et de la gestion des ressources naturelles par le système économique. Cependant, si cette question est au cœur du débat économique, elle n'apparaît pas très clairement dans le programme. Le reproche majeur fait à ce sujet est donc d'être plutôt en marge du programme. A souligner aussi la formulation qui suggère le plan, ce qui ne permettra pas vraiment de sélectionner les candidats sur la structuration de leurs propos, mais sur les contenus. Enfin, ce sujet se rapproche fortement de ceux de la voie scientifique dans le choix du thème. Cependant, il reste à la portée des étudiants d'ECE, à condition de mobiliser des connaissances dans des dimensions et des domaines très variés. Rappelons que le jury d'HEC est composé non pas de professeurs de classes préparatoires aux grandes écoles mais d'universitaires (historiens et économistes).

Corrigé

1. Les ressources naturelles, moteur pour la croissance économique d'hier comme d'aujourd'hui

A. Les ressources naturelles, un facteur indispensable pour la croissance économique

▪ **Les validations théoriques**

– Les physiocrates avec François Quesnay (1694-1774) désignent la terre comme l'unique source de la croissance et de la valeur. La terre est le principal facteur de production subordonnant et conditionnant les autres. La classe productive est celle des agriculteurs, les autres étant des classes stériles (« tableau économique » de Quesnay).

Définition du terme « ressources naturelles »

Les ressources naturelles sont les diverses ressources minérales ou biologiques nécessaires à la vie de l'homme et à ses activités économiques. Ces ressources peuvent être subdivisées en deux groupes distincts :

– Les ressources non renouvelables, constituées par les matières premières minérales et les combustibles fossiles, qui proviennent de gisements formés au cours de l'histoire géologique de la Terre et correspondant à un stock, par essence même, épuisable.

– Les ressources renouvelables qui peuvent, en principe, être exploitées sans épuisement, étant capables de se régénérer en permanence. Elles regroupent l'eau, les sols (terres cultivables) ainsi que les ressources biologiques, qui sont constituées et exploitées par l'homme (forêts, pâturages, pêcheries maritimes, biodiversité – espèces animales et végétales) et par les ressources génétiques (variétés de plantes cultivées et races d'animaux domestiques). Ce dernier groupe de ressources ne peut être considéré comme inépuisable que dans la mesure où son taux de prélèvement est inférieur au taux de régénération.

Extrait de l'*Encyclopédie universalis*

Cette conception se retrouve dans beaucoup de discours et d'analyses actuelles, même si la référence physiocrate n'est plus directement citée.

- Pour les classiques, la terre est un des trois facteurs de production retenus avec le travail et le capital (d'où trois revenus : les salaires, les profits et les rentes). Il y a en revanche un clivage entre les défenseurs de l'agriculture (Thomas Robert Malthus) et ceux de l'industrie (David Ricardo).

- L'école autrichienne (Carl Menger) considère les ressources naturelles et le travail comme les deux facteurs originels de la croissance économique. Voir également les travaux de William Stanley Jevons.

Les ressources naturelles contribuent à la croissance par leur disponibilité, leur prix faible et leur reproduction. Mais elles n'expliquent qu'une partie de la croissance ; il y a d'autres facteurs, en particulier le travail, le capital et le progrès technique.

▪ Le rôle historique crucial des ressources naturelles dans la croissance économique

- Revenir sur le lien positif entre révolution agricole et révolution industrielle : un schéma dans lequel l'utilisation plus intensive des ressources naturelles a permis, en partie, les changements industriels fondamentaux du XIXe siècle (schéma de Paul Bairoch). Insister sur l'importance de l'extraction minière lors de la forte industrialisation au XIXe siècle (sidérurgie, métallurgie dans le développement du chemin de fer).

- Lors des Trente Glorieuses, la faiblesse des prix des ressources naturelles (pétrole surtout) peut expliquer une partie notable de la croissance fordiste.

- Certains pays en développement (PED) ont utilisé les ressources naturelles pour lancer leur développement.

B. Les ressources naturelles au centre de la croissance mondiale actuelle

▪ Un rôle important des ressources naturelles dans la mondialisation

- Revenir sur la thèse de David Ricardo à propos de la rente foncière et de la nécessité d'abolir les tarifs douaniers sur les grains (abolition des Corn Laws en 1846) pour que les échanges de céréales puissent permettre les profits industriels et le développement économique des pays participant à ces échanges.

- Les mouvements actuels de concentration se réalisent en grande partie entre les grandes entreprises exploitant les ressources naturelles (gaz, pétrole, minerais, eau).

- Un mouvement de financiarisation (marchés à terme, spéculation) se développe autour des secteurs des ressources naturelles.

- Les perspectives d'épuisement de certaines ressources naturelles obligent les entreprises à innover technologiquement (dépenses de recherche et développement, nouvelles sources d'énergie).

▪ Des politiques économiques qui se tournent de plus en plus vers une gestion durable des ressources naturelles

- Les politiques environnementales deviennent des passages obligés des politiques économiques. Rappeler le Grenelle de l'environnement en 2007, les mesures de bonus-malus dits environnementaux.

- Développement de nouveaux projets en matière énergétique comme la biomasse, l'éolien, le solaire...

– La gestion des ressources naturelles est une priorité actuelle. L'Union européenne vient de choisir le principe du pollueur-payeur (économie du bien-être, Alfred Marshall, Arthur Cecil Pigou, notion d'externalités), alors qu'au niveau mondial, ce sont les permis négociables (Ronald Coase) qui guident les politiques environnementales.

2. Les ressources naturelles peuvent enrayer le processus de croissance économique

A. Les ressources naturelles très souvent au centre des crises économiques

▪ Crises d'Ancien Régime ou crises modernes : les ressources naturelles souvent en question

– Les crises d'Ancien Régime ont pour origine principale une diminution brutale de la production agricole (crise frumentaire) issue d'aléas climatiques ou de maladies des plantes (crise de la pomme de terre en Irlande en 1846 ou crise du phylloxéra en France dès 1863).

– L'origine naturelle des crises économiques n'a pas complètement disparu avec le développement économique : ces crises sont encore très présentes dans les pays les moins avancés (PMA), comme ceux d'Afrique centrale (famines, mal ou sous-nutrition) ; dans les pays développés, certaines difficultés proviennent de catastrophes naturelles (tsunami en Thaïlande en 2004 ou encore ouragan Katrina en Louisiane, aux Etats-Unis, en 2005).

– L'inégale répartition et surtout utilisation des ressources naturelles engendrent des inégalités de développement Nord-Sud.

▪ L'envolée des prix des matières premières comme facteur de ralentissement économique

– La marque principale des crises modernes issues des ressources naturelles se retrouve surtout dans l'augmentation des prix. Exemple type : l'augmentation du prix du pétrole en 1973-1974. Certes, la crise n'est pas que pétrolière, mais la décision de l'Organisation des pays exportateurs de pétrole (Opep) de quadrupler le prix du baril va accélérer une crise latente (inflation, chômage...).

– L'augmentation actuelle des prix des matières premières (pétrole, mais aussi céréales, gaz, minerais...) peut expliquer en partie le ralentissement de la croissance économique, en entraînant une augmentation des coûts des entreprises et une réduction de la consommation des ménages.

B. La raréfaction des ressources naturelles : un des risques et enjeux majeurs pour la croissance économique actuelle et à venir

▪ Les perspectives de l'épuisement des ressources naturelles et de la croissance zéro

– Rappeler le rapport Meadows de 1972 (*Halte à la croissance ?*) et la perspective d'une croissance zéro due à l'épuisement des ressources fossiles. Faire référence aussi à Garrett Hardin (« The Tragedy of the Commons », revue *Science*, décembre 1968) : notions de ressources communes comme l'air, l'eau... qui peuvent être épuisables.

– Notion de développement durable (rapport Brundtland de 1987) : un développement qui répond aux besoins des générations du présent sans compromettre la capacité des générations futures à répondre aux leurs.

– Déforestation, pollution de l'eau, de l'air... seront facteurs à terme d'une limitation de la croissance.

– Mettre en avant des conceptions qui défendent la nécessité d'une gestion raisonnée des ressources naturelles (Lester R. Brown avec son concept d'éco-économie, par exemple) ou d'une limitation nécessaire des besoins (décroissance avec Nicholas Georgescu-Roegen et Serge Latouche).

▪ **Les ressources naturelles, un des enjeux principaux du XXIe siècle**

– Le marché de l'eau semble être celui sur lequel les enjeux non seulement économiques mais aussi biologiques et humains du XXIe siècle se concentrent.

– Les tensions autour des matières premières vont déterminer en partie les relations politiques internationales (marchés du pétrole, mais aussi du gaz).

– L'inégal accès aux ressources naturelles va tendre les relations économiques et politiques mais aussi sociales (émeutes de la faim notamment). Une meilleure répartition mondiale dans cet accès aux ressources naturelles reste un des enjeux majeurs du XXIe siècle.

Corrigé proposé par Daniel Fleutôt,
professeur d'AEHSC en classes préparatoires économiques et commerciales
au lycée Charles-de-Gaulle, à Caen.

POUR APPROFONDIR

• *Economie. Analyses contemporaines*, Daniel Fleutôt (dir.), éd. Foucher, 2004 (voir le dossier n° 10 et l'ouvrage n° 15).
• *L'économie de l'environnement*, par Philippe Bontems et Gilles Rotillon, coll. Repères, éd. La Découverte, 2007.
• *Combattre l'effet de serre nous mettra-t-il sur la paille ?*, par Roger Guesnerie, éd. Le Pommier, 2003.
• « L'humanité dévoreuse de ressources », dans « Les chiffres de l'économie 2006 », *Alternatives Economiques*, hors-série n° 66, 4e trimestre 2005.
• « Environnement : catastrophes pas très naturelles », *Alternatives Economiques* n° 217, septembre 2003.
• Dossier « Décroissance ou développement durable ? » sur www.alternatives-economiques.fr/dossiers

■ ■ ■

Sujet : L'Etat-nation est-il en crise ? (Essec, 2008).

Présentation du sujet

Ce sujet a fait fortement réagir les professeurs d'AEHSC, et très souvent dans un sens négatif. Certains demandant même à ce que l'épreuve soit annulée. Car la notion d'Etat-nation ne figure pas explicitement dans le programme des ECE. Il y a bien entendu un chapitre sur l'Etat (chapitre 6 : « Le rôle de l'Etat dans la vie économique et sociale »). Mais les notions d'Etat et d'Etat-nation sont différentes dans leurs traitement et approche, d'autant que la tradition de la question dans le programme des ECE renvoie aux actions avant tout économiques de l'Etat et à celles de l'Etat-providence. En revanche, l'Etat-nation fait référence sur le plan historique à l'émergence des institutions, aux guerres (conflits majeurs, mais aussi guerres de colonisation et de décolonisation, tensions internes qui sont souvent des tensions ethniques), aux mouvements socioculturels... De plus, les genèses des Etats-nations sont souvent différentes. Qu'y a-t-il de commun entre l'Etat-nation en France, en Allemagne, aux Etats-Unis, dans l'ex-Yougoslavie... La nation peut également s'écarter de l'Etat : existe-t-il une nation catalane, basque, corse... ? L'Etat-nation, ce n'est pas l'Etat. L'Etat-nation n'est pas explicitement repéré dans le programme et donc, à ce niveau, le sujet apparaît en grande partie hors programme. C'est surtout un sujet de sciences politiques (très intéressant) supposant une mobilisation forte de références institutionnelles, historiques, culturelles...

Cependant, il a été posé, il n'a pas été annulé, et il a été corrigé. Afin que ce corrigé puisse servir aux étudiants, nous tenterons de préciser succinctement, dans un premier temps, la notion d'Etat-nation, pour ensuite donner une piste de réponse, tout en sachant qu'il n'y en a pas une seule et unique.

Remarques générales sur la notion d'Etat-nation

La notion d'Etat-nation est à multiples facettes. Il n'y a pas une théorie et une réalité de l'Etat-nation ; le tout se conjugue au pluriel au gré des approches et des contextes historiques, institutionnels, sociaux, culturels et économiques. Faut-il déjà que l'Etat-nation existe ! Une piste est de partir des définitions de l'Etat, d'un côté, et de la nation, de l'autre. Selon Max Weber (1864-1920), l'Etat se définit par l'autorité et le pouvoir qu'il exerce sur un territoire donné et par le fait qu'il dispose du monopole de la violence légitime. La nation peut être appréhendée de manière classique, au regard des travaux d'Ernest Renan (1823-1892), comme un lieu de regroupement d'une population qui possède un héritage commun de souvenirs et partage des valeurs et des objectifs communs. L'Etat, pour Renan, émanerait de la nation, mais il est tout à fait envisageable de penser que la nation a été construite par l'Etat (par exemple, l'ordonnance de Villers-Cotterêts, en 1539, impose l'usage du français au détriment du latin et des langues régionales). L'Etat-nation serait donc le cadre à l'intérieur duquel s'exerce le pouvoir coercitif de l'Etat sur une population partageant un passé et un avenir en commun. L'Etat-nation aurait donc besoin à la fois de frontières physiques et d'homogénéité sociale pour exister. Cependant, cette définition traditionnelle est loin d'être partagée par tous. En effet, d'autres entités sont également des lieux de coercition et de communauté de destins, comme la famille, le travail, les communautés religieuses... De plus, pour certains s'insérant dans le courant de l'économie politique internationale - *cf. Economie politique internationale,* de Christian Chavagneux (voir « Pour approfondir ») –, les Etats-nations sont concurrencés par d'autres formes d'organisations publiques (organisations supranationales, provinces, régions) et le recoupement de l'Etat et de la nation est loin de correspondre à la réalité. Les Etats regroupent souvent plusieurs nations, et une nation peut relever de plusieurs Etats.

Les Etats-nations sont nés en général au Moyen-Age. Ainsi, en France, au sortir de la guerre de Cent Ans dévastatrice, Louis XI, qui régna de 1461 à 1483, a pu créer le premier Etat-nation moderne en remettant en cause les pouvoirs seigneuriaux et en donnant comme mission à l'Etat-nation d'éduquer la population et d'élever son niveau de vie au nom d'un « bien commun » à tous sur lequel le monarque doit veiller. En Allemagne, les traités de Westphalie (1648) qui mettent fin à la guerre de Trente Ans ouvrent une nouvelle ère des relations internationales qui seront désormais dominées par des Etats monarchiques souverains - *cf.* « 1648 : Le cadre westphalien à l'origine de l'Etat-nation » (voir « Pour approfondir »). Les guerres, dans leurs oppositions entre des populations pour la défense d'un territoire, dans les campagnes de mobilisation de l'armée, dans leur sortie (après-guerres)..., participent à l'idée qu'une nation est agressée et que l'Etat peut être le garant de celle-ci.

Les courants mercantilistes (du XVIe siècle au milieu du XVIIIe siècle) vont participer activement à conforter l'idée d'un Etat-nation. Les Etats (en particulier l'Espagne, le Portugal, la France et l'Angleterre) vont développer des politiques économiques favorables aux marchands privés afin de renforcer la position économique nationale dans le cadre du développement du commerce mondial. La concurrence internationale va être un tremplin au renforcement des Etats-nations. Ce mouvement se vérifiera au XIXe siècle. D'ailleurs, un auteur comme David Ricardo développe ses thèses sur les avantages comparatifs dans le commerce international à partir des nations (commerce inter-national). Les marchés intérieurs vont tendre à s'unifier à partir de références nationales et les Etats vont également définir les règles économiques dans le cadre national. Ainsi, le développement économique au XIXe siècle et au XXe siècle jusqu'au début des années 80 a pour référence les Etats nationaux (protectionnisme dans les années 30, croissance fordiste après 1945). La pensée et les politiques keynésiennes accordent un statut clé à l'Etat dans un cadre national ; un Etat représentant l'intérêt général. C'est ce cadre qui semble se modifier avec la mondialisation et le retour des politiques libérales à partir des années 80. Ainsi, ce qui semble remettre en cause les Etats-nations n'est pas tant la mondialisation en elle-même (à la fin du XIXe siècle, la première mondialisation les avait plutôt affirmés), que la spécificité de celle qui est à l'œuvre aujourd'hui, caractérisée par une libéralisation accompagnée d'une extension de la démocratie et d'une pacification des relations internationales. La régionalisation des échanges et l'émergence de blocs tendent également à réduire la capacité d'action des Etats-nations, surtout lorsque ces blocs adoptent une monnaie commune comme dans le cas de l'euro (la Banque centrale européenne [BCE] ne tient pas nécessairement compte des intérêts nationaux).

Pour l'historien Gérard Noiriel, l'Etat-nation s'inscrit totalement dans une tradition sociale, dans laquelle les questions sociales les plus importantes participent directement à la formation et à l'évolution de cet Etat-nation – voir *Le creuset français* (1988, éd. du Seuil) et *La tyrannie du national* (1991, éd. Calmann-Lévy). Parmi ces questions sociales, celle de l'immigration a joué un rôle central dans la formation de l'Etat-nation français, nous dit Noiriel (*Etat, nation et immigration. Vers une histoire du pouvoir*, voir « Pour approfondir »), car elle fixe les limites entre l'étranger et le national. Les pratiques politiques ainsi que la normalisation administrative formatent peu à peu les citoyens qui vont intégrer ces normes nationales débouchant sur ce que Noiriel appelle un « *habitus national* ». L'Etat-providence va être également un puissant moteur de l'identité nationale, et si celui-ci entre en crise, à partir des années 70, cette crise entraîne avec elle également celle de l'Etat-nation.

S'il y a crise de l'Etat-nation, à quels niveaux celle-ci peut-elle se situer ? D'abord, sans doute, au niveau interne, c'est-à-dire que les structures, les pratiques (sociales, économiques, culturelles...) et les valeurs qui servaient auparavant de références pour les acteurs n'en sont plus vraiment. Donc, le retour des inégalités sociales et la montée de comportements plus individualistes désignent une certaine crise de l'Etat-nation.

A cela s'ajoute une modification des sphères des prises de décision qui engagent les économies et les sociétés. Un double mouvement est à noter : d'un côté, une régionalisation des pouvoirs tant au sein même des nations (lois de décentralisation en France de 1982, par exemple) qu'à l'extérieur (régions économiques comme l'Union européenne ou encore le Mercosur [le « marché commun de l'Amérique du Sud »]).

Pour le spécialiste de stratégie et de géopolitique des affaires Kenichi Ohmae (*De l'Etat-nation aux Etats-régions*, voir « Pour approfondir »), les Etats-nations ne sont plus des unités de référence dans une économie mondiale qui est devenue sans frontières. Ils ne peuvent contrôler les firmes mondiales, les marchés financiers, les taux de change, les échanges... Ainsi émergent des Etats-régions qui apparaissent plus efficaces que les Etats-nations, comme la Catalogne, la Silicon Valley...

Pour le philosophe allemand Jürgen Habermas (*Après l'Etat-nation*, voir « Pour approfondir »), la mondialisation économique remet en cause la souveraineté des Etats-nations. Dans ce contexte, il propose un nouveau fédéralisme mondial pour compenser les effets de la mondialisation sur la solidarité sociale. Pour un autre auteur allemand, le sociologue Ulrich Beck (*Pouvoir et contre-pouvoir à l'ère de la mondialisation,* voir « Pour approfondir »), de nouveaux pouvoirs tendent à concurrencer les Etats-nations qui détenaient auparavant la souveraineté politique. Les firmes et le capital se voient dotés d'une sorte de métapouvoir, ce qui leur permet d'imposer leurs stratégies et leurs règles (transnationalisation du droit). Cependant, Beck, à l'inverse d'Ohmae qui pense que la mondialisation libérale met fin aux Etats-nations, appelle de ces vœux un Etat cosmopolite qui serait une réponse à la mondialisation garantissant la cohabitation des différentes identités nationales. L'Europe pourrait être un premier cadre d'Etat cosmopolite.

Plan synthétique

1. L'Etat-nation face à la mondialisation

A. La mondialisation remet en cause les Etats-nations

– La libéralisation des économies remet en cause l'ancien cadre de la régulation fordiste dont l'Etat-nation était le pivot (cas des anciens pays développés et des pays en développement).

– Le pouvoir des firmes transnationales et du capital mondialisé enlève une partie très conséquente du pouvoir à l'Etat-nation.

– La régionalisation et l'institutionnalisation des échanges internationaux réduisent l'action de l'Etat-nation (Fonds monétaire international, Organisation mondiale du commerce, Banque centrale européenne...).

B. Les Etats-nations sont toujours des cadres incontournables à l'ère de la mondialisation

– Les firmes transnationales ont toujours besoin des Etats-nations pour assurer un minimum de régulation.

– Des Etats-nations toujours présents dans une politique économique mondialisée (néoprotectionnisme, politique industrielle, fiscale...).

– Des Etats-nations qui peuvent influencer les institutions internationales.

2. L'Etat-nation face aux dislocations sociales

A. La ou les crises de l'Etat-providence concourent à la crise de l'Etat-nation

– Les difficultés des politiques sociales remettent en cause l'action d'un Etat qui fait nation.

– Inégalités sociales et crise de l'Etat-nation.

– Des politiques publiques qui ne défendent plus l'intérêt général de la nation.

B. Refaire Etat-nation pour retrouver de la solidarité sociale

– Une action sociale de l'Etat-nation toujours nécessaire et un Etat-nation comme principal pivot de cette action sociale.

– Redéfinir l'Etat-nation (Europe politique, Etat cosmopolite, rôles des institutions internationales au regard des Etats-nations, nouveau fédéralisme à la Habermas...).

Corrigé proposé par Daniel Fleutôt,
professeur d'AEHSC en classes préparatoires économiques et commerciales
au lycée Charles-de-Gaulle, à Caen.

Pour approfondir

- « 1648 : le cadre westphalien à l'origine de l'Etat-nation », dans « Les grandes dates de l'histoire économique », *Alternatives Economiques Pratiques* n° 36, novembre 2008.
- « A propos d'*Après l'Etat-nation. Une nouvelle constellation politique* », *L'Economie politique* n° 6, 2e trimestre 2000.
- *Economie politique internationale*, par Christian Chavagneux, coll. Repères, éd. La Découverte, 2004.
- *Etat, nation et immigration. Vers une histoire du pouvoir*, par Gérard Noiriel, coll. Folio-Histoire, éd. Gallimard, 2005.
- *L'Etat-nation à l'ère de la mondialisation*, Michel Van Cromphaut (dir.), éd. L'Harmattan, 2003.
- *Après l'Etat-nation. Une nouvelle constellation politique*, par Jürgen Habermas, éd. Fayard, 2000.
- « Globalisation et taille optimale des nations », par Jean-Marc Siroën, *Revue française d'économie*, vol. 17, octobre 2002.
- *L'Europe économique et son avenir*, par Jean-Yves Letessier, Jacques Silvano et Robert Soin, éd. Armand Colin, 2008.
- *De l'Etat-nation aux Etats-régions*, par Kenichi Ohmae, éd. Dunod, 1996. Voir aussi la fiche de lecture de ce livre dans *100 fiches de lecture en économie, sociologie, histoire et géographie économiques*, Marc Montoussé (dir.), éd. Bréal, 2008.
- *Pouvoir et contre-pouvoir à l'ère de la mondialisation*, par Ulrich Beck, coll. Champs, éd. Flammarion, 2005. Voir aussi la fiche de lecture de ce livre dans *Economie. Analyses contemporaines*, Daniel Fleutôt (dir.), éd. Foucher, 2004.

■ ■ ■

Sujet : Quel rôle les institutions doivent-elles jouer dans le développement économique des pays ? (Ecricome, 2008, sujet n° 1).

Présentation du sujet

Ce sujet a suscité un nombre assez important de réactions de la part des professeurs d'AEHSC. D'abord sur le thème choisi. Certains trouvaient que le sujet était à la marge du programme sans être toutefois hors programme et d'autres estimaient que la transversalité du sujet répondait bien à l'esprit de ce programme. Certes, il n'y a pas de chapitre précis sur les institutions, mais sur les deux années, les étudiants sont amenés à aborder le rôle de ces dernières dans le développement économique. Ceci démontre la nécessité de sans doute mieux préciser le programme, voire de le repenser. Par ailleurs, le terme « institutions » a été critiqué comme restant très extensif et très complexe. Il est possible d'envisager les institutions au sens large (Etat, mais aussi monnaie, marché, famille...) ou au sens étroit retenant surtout les institutions étatiques et internationales (Fonds monétaire international, Organisation mondiale du commerce...). C'était une vraie difficulté, d'où la nécessité de définir le terme au départ. Dans ce cas de figure, il est toujours préférable d'élargir le sens donné à « institutions », tout en restant cohérent dans la démarche.

Autre critique unanime : la formulation. Le verbe « devoir » (« doivent-elles » dans l'énoncé) serait trop normatif, ne donnant aucune place à la nuance ; ce que les professeurs d'AEHSC recherchent en permanence. Pour ce sujet, il ne s'agit donc pas de savoir si les institutions jouent un rôle ou non dans le développement des pays, mais de qualifier ce rôle. L'expression « développement économique des pays » fait référence aux aspects structurels économiques du développement, mais ne suggère pas de les traiter pays par pays. Enfin, il n'y a pas de délimitation temporelle, c'est aux étudiants de le faire. Ainsi, ce sujet demande de penser le programme de manière transversale et non par chapitres et de mobiliser les différentes dimensions du cours (historiques, économiques, sociales, politiques). Cependant, il serait bon que les concepteurs pensent à bien préciser les notions énoncées dans les sujets.

Corrigé

1. Les institutions ont un rôle d'impulsion et de continuité dans le développement des pays

A. Des institutions qui créent les conditions du développement économique des pays

▪ La mise en place d'un cadre structurel préalable au développement économique (thèses institutionnalistes)

– Le développement économique, qu'il soit d'orientation capitaliste ou collectiviste, ne naît pas naturellement. Un cadre réglementaire est nécessaire pour que les entreprises (droit des sociétés, droit commercial), les travailleurs (droit du travail), l'Etat (droit public)... puissent participer et activer le développement économique. Revenir sur la mise en place de droits de propriété (par exemple, le General Enclosure Act en 1801 au Royaume-Uni ou le code civil en France en 1804) qui fixent le cadre à partir duquel des relations marchandes durables peuvent s'instaurer. Citer Alexis de Tocqueville et l'importance d'institutions démocratiques favorables au développement.

– Le développement économique, dans le cadre d'un capitalisme libéral, a besoin d'un cadre libéralisé que certaines institutions peuvent créer. Ceci peut se retrouver aussi bien dans le décret d'Allarde et la loi Le Chapelier de 1791 (interdisant les corporations et les coalitions) que dans les actions récentes des institutions internationales (Fonds monétaire international, Banque mondiale) dans la mise en place du consensus de Washington (libéralisation des marchés permettant la mondialisation libérale).

– Les actions des institutions peuvent revêtir un caractère coercitif. Exemple de la planification soviétique en 1928 sous l'égide du Gosplan.

– Revenir sur la création de la Communauté économique européenne (traité de Rome, en 1957) et de l'Union européenne (traité de Maastricht, en 1992).

▪ **Des actions institutionnelles qui impulsent le développement économique**

– Les institutions, surtout étatiques, peuvent avoir un rôle d'impulsion en matière de développement économique : commandes publiques ou prise en charge d'un secteur délaissé par l'initiative privée (monopoles naturels) dans des domaines moteurs du développement économique (énergie, infrastructures de transport...). Réalisation de grands projets et travaux : percement de l'isthme de Suez (1859-1869), plan Freycinet (1879-1883), TGV, Ariane, Airbus... Insister sur l'action volontariste de l'Etat français dans la reconstruction après 1945 (planification indicative, nationalisations).

– Dans les pays en développement (PED), certaines institutions peuvent enclencher le développement économique, comme le suggère l'économiste Amartya Sen (création de « capabilités »). Revenir sur l'expérience de la Grameen Bank de Muhammad Yunus et le microcrédit.

– En 1944, les créations de la Banque internationale pour la reconstruction et le développement (Bird) et de la Banque mondiale avaient pour objectif d'aider financièrement au développement économique des pays en voie de développement.

B. Des institutions qui créent les conditions de la continuité du développement économique des pays

▪ **Des actions institutionnelles d'encadrement pour que le développement économique soit pérenne (les institutions comme le produit du développement)**

– Rappeler les étapes de la croissance économique de Walt Whitman Rostow et le rôle indispensable des institutions dans la marche vers la maturité. Le rôle des institutions étant de réaliser le passage de l'ancien système au moderne.

– La fixation d'un cadre monétaire et financier semble indispensable au développement économique : création des monnaies nationales (par exemple le dollar en 1792), de banques centrales (comme la Banque de France en 1800), établissement de règles monétaires internationales (exemple de Bretton Woods en 1944)...

– Pour l'économiste Oliver Williamson (théorie des coûts de transaction), l'organisation des marchés et des firmes détermine non seulement la dynamique du développement économique, mais permet aussi d'arriver à la situation la plus efficace. Toutes les institutions ne permettent pas le développement économique, il y a des choix à opérer en fonction des objectifs à atteindre.

▪ **Des institutions sociales nécessaires au développement économique**

– La création d'institutions sociales (caisses de Sécurité sociale en 1945 en France) a pu permettre à la fois d'amortir les chocs en cas de réalisation des risques sociaux (accidents du travail, chômage...), mais aussi de soutenir l'activité économique par la redistribution de revenus de transfert.

– L'école et la famille sont des institutions qui participent au développement économique par la diffusion d'apprentissages, de connaissances et de valeurs propices à ce développement.

– Les actions sociales de tous ordres (lutte contre la pauvreté, la faim, l'illettrisme...) assurées par des institutions internationales (Nations unies avec l'Unicef) ou nationales jouent des rôles essentiels d'accompagnement et de correction du développement.

2. Les institutions ont un rôle de régulation dans le développement des pays

A. Régulation endogène et/ou exogène des institutions dans le développement économique

▪ **Régulation endogène : l'Etat avant tout, mais pas seulement**

– Rappeler les théories de la croissance endogène (Paul Romer, Robert Lucas, Robert Barro) et le rôle de l'Etat en matière de dépenses de recherche et développement, de capital humain et d'infrastructures.

– Insister sur la place de l'éducation dans le développement et sa prise en charge très souvent par des institutions publiques.

– Rôles des organisations syndicales afin de trouver un équilibre entre développement économique et amélioration des conditions de revenu et de travail.

– Rôles de soutien des associations, surtout caritatives (Les Restos du cœur, etc.).

▪ **Régulation exogène : les institutions internationales avant tout, mais pas seulement**

– L'action des institutions financières internationales comme le Fonds monétaire international (FMI) ou la Banque mondiale avait pour objectif (en 1944, à Bretton Woods) de créer les conditions financières du développement économique des pays développés ou des pays en voie de développement.

– Les organisations non gouvernementales (ONG) agissent aussi de l'extérieur pour tenter de corriger et d'améliorer certaines conditions du développement (santé, avec par exemple Médecins sans frontières, mais aussi éducation, lutte contre la faim...).

B. Des actions institutionnelles régulatrices différentes selon les contextes de croissance et de crise

▪ **Les institutions en période de croissance : un difficile équilibre entre interventionnisme et liberté des marchés**

– Les institutions sociales ont soutenu et accentué la demande effective (logique keynésienne du rôle économique des institutions).

– Les institutions bancaires peuvent jouer un rôle d'accélération du développement économique (politique de crédit à taux d'intérêt faibles).

– La définition de règles prudentielles à l'égard des banques privées (accords de Bâle 1 et 2) par la Banque des règlements internationaux tente de fixer un cadre, pas toujours suivi, en matière de prêts.

▪ **Les institutions en période de crise : protéger ou réformer ?**

– Actions protectionnistes des Etats à la fin du XIXe siècle lors de la Grande Dépression (tarifs Bismarck, loi Méline...). Revenir sur la logique du protectionnisme éducateur de Friedrich List.

– Revenir sur la crise des années 30 et le rôle des institutions dans la sortie de crise (politique économique de Franklin Delano Roosevelt à partir de 1932).

– Les institutions monétaires (banques centrales, FMI, Banque mondiale) peuvent aussi, par leurs politiques, générer les conditions du blocage du développement (insister sur les plans d'ajustement structurel du FMI), tout comme celles de la sortie des difficultés (accords du Plaza en 1985 et accords du Louvre en 1987 à propos de la surévaluation du dollar).

– L'actualité de la crise des *subprime* et son difficile règlement démontrent l'importance des institutions dans un capitalisme libéralisé. Cependant, l'Etat, et donc la collectivité, doit-il être le prêteur en dernier ressort d'un système capitaliste libéralisé ?

– Les crises économiques et financières sont également la preuve d'une crise globale de légitimité et d'efficacité des institutions, que cela soit les institutions d'ordre étatique ou d'ordre international.

Corrigé proposé par Daniel Fleutôt,
professeur d'AEHSC en classes préparatoires économiques et commerciales
au lycée Charles-de-Gaulle, à Caen.

POUR APPROFONDIR

- *Le FMI*, par Patrick Lenain, coll. Repères, éd. La Découverte, 2004.
- *La grande désillusion*, par Joseph Stiglitz, éd. Le Livre de poche, 2003.
- « Une mondialisation en panne de régulation », *Alternatives Economiques* n° 259, juin 2007.
- *Nations et mondialisation. Les stratégies de développement dans un monde globalisé*, par Dani Rodrik, éd. La Découverte, 2008.
- *Les étapes de la croissance économique. Un manifeste non communiste*, par Walt Whitman Rostow, éd. Economica, 1997.
- « Joseph Stiglitz, critique de la mondialisation néolibérale », *Alternatives Economiques* n° 265, janvier 2008.
- « La crise des institutions ? », *Alternatives Economiques* n° 270, juin 2008.
- « Que faire du FMI ? », dans « L'état de l'économie 2008 », *Alternatives Economiques*, hors-série n° 76, 2e trimestre 2008.
- « Le besoin d'institutions », dans « L'économie de marché », *Alternatives Economiques*, hors-série n° 77, 3e trimestre 2008.

■ ■ ■

Sujet : Concurrence monétaire et compétitivité des nations. (Ecricome, 2008, sujet n° 2)

Présentation du sujet

Ce sujet a suscité des débats sur sa formulation. D'abord, le terme de « concurrence monétaire » n'est pas des plus utilisés en cours (il n'apparaît d'ailleurs nullement dans le programme officiel). Beaucoup auraient préféré celui de « taux de change », même si, aujourd'hui comme hier, la concurrence entre les monnaies n'est pas un vain mot et qu'elle représente une certaine réalité (concurrence entre le dollar et l'euro ou le yuan chinois). Du côté de la « compétitivité des nations », la critique est plus forte, car beaucoup de professeurs, dans la lignée de Paul Krugman, considèrent que cette notion n'a pas vraiment de sens. Les nations, si elles existent encore, ne semblent plus représenter le cadre référent de la compétitivité économique. Au mieux peut-on parler de compétitivité d'une entreprise, d'un secteur, voire d'un espace économique (l'Union européenne, par exemple). De plus, la notion de compétitivité est d'une complexité réelle (parts de marché dans le commerce mondial, produit intérieur brut par tête en parité de pouvoir d'achat, attractivité du territoire...). Réduire le sujet à « Taux de change et compétitivité » aurait sans doute été préférable. Ce type de sujet montre la nécessité, pour les candidats, de définir les notions de l'énoncé. Le correcteur ne pourra être que favorable à un éclaircissement préalable des termes du sujet pour ensuite appréhender une réflexion à partir du cadre prédéfini. C'est une démarche à suivre dans pratiquement tous les cas de figure. Cependant, la définition précise des termes ne peut suffire. Elle est une base pour une réflexion plus en profondeur.

Corrigé

1. La concurrence monétaire comme facteur de compétitivité des nations

A. Une monnaie forte suppose une compétitivité structurelle importante des nations

▪ Une monnaie forte, un atout pour une nation, à condition que la compétitivité structurelle soit présente

Un taux de change ne peut être un atout en termes d'échange international que si la compétitivité structurelle est forte : qualité des produits, adaptation à la demande internationale, services entourant le produit... Le cas de la stratégie allemande est assez exemplaire, surtout durant la période où le deutschemark était élevé (de 1960 à 1990).

Un pays avec une monnaie forte attire des capitaux lui permettant de financer des investissements, facteurs de compétitivité (attractivité du dollar, par exemple, et apport de capitaux pour le tissu productif américain). Concurrence monétaire entre les Etats-Unis, la Grande-Bretagne et la France dans les années 20.

▪ Le retour à la compétitivité peut passer par un retour à la stabilité monétaire ou à une monnaie forte

Le choix de la stabilité monétaire ou d'une monnaie forte conditionne le retour à une compétitivité forte. Prendre le cas de la désinflation compétitive en France à partir de 1983.

Un pays en phase de maturité (compétitivité structurelle) peut se permettre d'avoir une monnaie forte (cas de l'Allemagne à partir des années 60).

B. Compétitivité-prix et sous-évaluation monétaire

▪ La dévaluation comme outil d'un retour à la compétitivité

Développer les avantages d'une dévaluation afin d'améliorer les résultats du commerce extérieur. Revenir sur des dévaluations réussies du franc, comme en 1928 ou en 1958. Dévaluation de la livre sterling en 1967.

▪ La sous-évaluation monétaire, voire le dumping monétaire pour permettre la compétitivité

Les pays en phase de démarrage économique peuvent utiliser une monnaie sous-évaluée afin de gagner des parts de marché et s'intégrer dans le commerce mondial (exemples du yen et du yuan).

Laisser se déprécier une monnaie peut également être un outil d'amélioration de la compétitivité-prix d'un pays. Exemples du Japon dans les années 80 ou de la Chine actuellement. Cependant, une politique de monnaie faible ne procure des avantages qu'à certaines conditions (théorème des élasticités critiques de Marshall-Lerner).

2. La concurrence monétaire peut gêner la compétitivité des nations, d'où la recherche d'une coopération monétaire au service de cette compétitivité

A. Concurrence monétaire et compétitivité des nations : une relation pas nécessairement vertueuse

▪ La concurrence monétaire ne débouche pas toujours sur une compétitivité des nations

Le rétablissement de taux de change élevés engage souvent des politiques de déflation (et des difficultés sociales) comme en Grande-Bretagne à la fin des années 20, après le retour à la convertibilité-or de la livre sterling, ou en France après 1983, avec la politique du franc fort. La spéculation sur les monnaies peut remettre en cause des efforts de compétitivité (comme en 1992-1993 sur certaines monnaies européennes). Un taux de change élevé peut être un handicap pour la compétitivité : exemple de l'Union européenne avec un euro élevé face au dollar (cas d'Airbus).

▪ La concurrence monétaire comme facteur de désordres économiques et sociaux

La concurrence entre les monnaies dans les années 20 n'a pas été un facteur de recherche de compétitivité, mais plutôt de tensions et de crise.

Une monnaie forte ne se décrète pas et une politique de monnaie forte sans recherche de compétitivité peut déboucher sur un cercle économique vicieux (franc fort des années 30 ou livre sterling de la fin des années 20).

B. Coopération monétaire et compétitivité des nations

▪ Stabilité des taux de change plutôt que concurrence et compétitivité des nations

La période de Bretton Woods est la preuve (surtout sur la première période 1944-1960) que la stabilité monétaire amène le développement des échanges internationaux et, par voie de conséquence, la recherche de compétitivité. Proposition de John Williamson de zones cibles.

▪ Monnaie unique et compétitivité des nations

La monnaie unique peut être un moyen de contourner l'obstacle de la concurrence monétaire et d'orienter les pays vers la recherche de compétitivité. Zone monétaire (Robert Mundell).

Corrigé proposé par Daniel Fleutôt,
professeur d'AEHSC en classes préparatoires économiques et commerciales
au lycée Charles-de-Gaulle, à Caen.

POUR APPROFONDIR

- *Les taux de change*, par Dominique Plihon, coll. Repères, éd. La Découverte, 2006.
- *Economie internationale. Commerce et macroéconomie*, par Bernard Guillochon, éd. Dunod, 2006.
- *Les déséquilibres financiers internationaux*, par Anton Brender et Florence Pisani, coll. Repères, éd. La Découverte, 2007.
- *L'Europe monétaire. Zone euro : une monnaie, une pluralité de défis*, par Gilles Jacoud, éd. Armand Colin, 2006.
- *L'Europe économique et son avenir*, par Jean-Yves Letessier, Jacques Silvano et Robert Soin, éd. Armand Colin, 2008.
- « Vers une guerre des monnaies ? », *Alternatives Economiques* n° 259, juin 2007.
- « Euro fort, Europe faible », dans « L'état de l'économie 2008 », *Alternatives Economiques*, hors-série n° 76, 2e trimestre 2008.
- « L'euro fort plombe-t-il l'économie européenne ? », dans « L'état de l'économie 2008 », *Alternatives Economiques*, hors-série n° 76, 2e trimestre 2008.
- Dossier « L'euro tient-il ses promesses ? » sur www.alternatives-economiques.fr/dossiers

■ ■ ■

ICN
Business School
•nancy|metz
management
finance
international
marketing
supply chain
audit
ressources humaines
Paul K.
Diplômé 2007
PROGRAMME
ICN Grande École
DIPLÔME BAC+5
GRADE DE MASTER*
EFMD
EQUIS
ACCREDITED
www.icn-groupe.fr
COMMITMENT | COMMUNICATION | INNOVATION
Over 100 years building up personalities for success**
*JO du 10 mars 2005. **Depuis plus de 100 ans, nous forgeons des personnalités gagnantes.
PUBLICIS-KOUFRA

• *Dissertation en quatre pages maximum avec deux sujets au choix :*
 - *Sujet n° 1 : La place des PME dans l'économie des pays à économie de marché aujourd'hui.*
 - *Sujet n° 2 : Comparer le protectionnisme de la fin du XIXe siècle à celui que l'on a constaté dans le monde depuis les années 1970.*

• *Quatre questions de cours, à traiter en 200 mots environ. (ESC, 2008).*

Présentation des sujets

Le sujet n° 1 portant sur les PME s'inscrit surtout dans le chapitre 3 du programme (« Croissance et développement du capitalisme au XXe siècle »), et plus particulièrement dans l'alinéa 4 (« L'entreprise et le développement économique »). Il s'agit de définir précisément ce que l'on entend par PME. L'Union européenne retient les critères d'effectifs (moins de 250 salariés), de chiffre d'affaires (moins de 50 millions d'euros), de bilan (moins de 43 millions d'euros de total de bilan) ou encore de degré de dépendance (part du capital dépendante d'une autre entreprise inférieure à 25 %). Il faut définir le cadre d'analyse car « aujourd'hui » reste vague. C'est à la fois un cadre temporel, mais aussi et surtout un cadre récent de changement du capitalisme : mondialisation, globalisation financière, concentration, libéralisation, innovation technologique... Comment les PME se situent-elles et ont-elles évolué dans ce nouveau capitalisme moderne ? Une des difficultés est l'absence de documents chiffrés. L'utilisation de statistiques, vitale pour ce sujet, ne pourra de ce fait être vraiment mobilisée, mais il est possible de donner des ordres de grandeur et de se concentrer sur le cas français en essayant de faire quelques références aux autres pays industrialisés.

Le sujet n° 2 demande quant à lui de comparer deux périodes longues (fin du XIXe siècle et fin du XXe siècle) de l'histoire économique, en particulier des pays développés à économie de marché (PDEM), bien que l'étude des pays en développement (PED) actuels et des pays neufs du XIXe siècle soit aussi à intégrer. Une définition du protectionnisme est attendue, car la nature de celui-ci a changé, surtout avec le développement sur la période récente d'un protectionnisme non tarifaire. Le contexte est également à prendre en compte : à la fin du XIXe siècle, c'est le protectionnisme qui dominait, alors qu'aujourd'hui, le libre-échange est non seulement la règle, mais aussi la pratique la plus courante, ce qui n'exclut pas le maintien, voire le renforcement d'un certain protectionnisme. Ce sujet s'inscrit dans les deux années du programme, avec une priorité à celui de deuxième année, qui porte davantage sur le commerce international (chapitre 2 : « La croissance économique au XIXe siècle » ; chapitre 8 : « L'internationalisation des économies »).

Corrigé du sujet n° 1

1. Les PME, une place essentielle dans les PDEM

A. Les PME ont une place importante aujourd'hui dans les PDEM

- **La situation des PME dans le tissu productif des PDEM**

Ce premier point indispensable consiste à donner une photographie du poids des PME dans le tissu productif, sans surtout oublier leur place dans le secteur tertiaire. Mettre l'accent sur le poids quantitatif des PME et leur rôle indispensable dans la production, ainsi que sur leur diversification.

En France, en 2005, les PME étaient au nombre de 1 418 000. Parmi elles, 94 % étaient des entreprises de moins de 20 salariés (TPE), 50 % avaient 0 salarié (entreprises individuelles) et 3 % avaient entre 20 et 249 salariés. Les PME représentent 99,9 % de l'ensemble des entreprises françaises. Elles se situent surtout dans les services (38 %), le commerce (23 %), le BTP (13 %) et l'industrie (10 %). Cette place essentielle se retrouve dans tous les PDEM. Ainsi, au Japon, troisième puissance économique mondiale, 99 % des entreprises sont des PME. Dans l'Union européenne, les PME représentent 99,8 % du total des entreprises (99,5 % par exemple en Allemagne).

En termes de valeur ajoutée, les PME assurent 58 % de la création de richesse dans l'Union européenne (68 % en France, 57 % au Royaume-Uni, 52 % en Allemagne).

Insister sur les rôles économiques nationaux et surtout régionaux des PME.

▪ **Les PME, principales créatrices d'emplois dans les PDEM**

Les PME ont d'autres atouts, mais il faut insister sur leur forte capacité de création d'emplois. Depuis le début des années 70, on constate un grand changement : auparavant, les grands groupes industriels étaient les pourvoyeurs d'emplois, maintenant, trois emplois sur quatre sont créés dans les PME. Au regard de l'évolution du chômage, cette place en matière d'emploi apparaît essentielle dans les économies et sociétés des PDEM.

En France, l'emploi dans les PME concerne 8,8 millions de personnes, ce qui représente 54 % des personnes occupées.

B. Les PME ont des avantages incontestables, ce qui en fait des actrices incontournables dans l'économie des PDEM

▪ **La grande capacité d'adaptation des PME**

Insister sur les capacités d'adaptation des PME, à la fois aux conditions de la production et à celles des consommateurs, et sur la très grande proximité des PME vis-à-vis des marchés. Cette flexibilité tient très souvent aux coûts plus faibles dans les PME, mais aussi à leur structure qui permet l'adaptation (faiblesse des effectifs, nature des contrats de travail, communication plus grande...).

▪ **Un rôle non négligeable dans l'innovation**

Les PME jouent un rôle important en matière d'innovation qu'il faut cependant préciser :

– ce sont davantage des innovations de procédés que des innovations technologiques pures ;

– ce sont plutôt des innovations de services ou encore des innovations sociales ou organisationnelles ;

– le mouvement des *start-up* des années 90 dans les nouvelles technologies de l'information et de la communication l'a en partie démontré.

Rappeler les analyses de Schumpeter sur ce point : place essentielle de la petite structure dans le processus d'innovation.

2. Les PME dans les PDEM : handicaps et fragilités

A. Les PME ont des handicaps structurels

▪ Des faiblesses et fragilités structurelles

– Moyens financiers faibles limitant les capacités d'investissement et d'innovation.

– Recours plus important à l'emprunt qu'aux marchés financiers qui augmente le coût du financement des investissements avec, en plus, des conditions bancaires plus contraignantes.

– Certes, la création de PME est importante, mais leur taux de mortalité également.

– Difficultés à bénéficier d'économies d'échelle.

– Accès limité aux marchés publics.

– Retard important dans l'économie de la connaissance et dans l'innovation.

Face à ces difficultés et reprenant l'exemple américain du Small Business Act (1953), les Européens ont décidé, en juin 2008, d'envisager de créer le « Small Business Act européen », ensemble de mesures favorables à la création de PME dans l'Union européenne.

▪ Une création d'emplois aux statuts fragiles

Très souvent, de par leur situation, les PME ne créent que des emplois à statuts fragiles, voire précaires, d'autant plus que leur taux de mortalité est assez élevé au-delà de 3 ans.

Les contrats à temps partiel (surtout pour les femmes) et les contrats à durée déterminée sont beaucoup plus répandus dans les PME que dans les entreprises de plus de 250 salariés. Les PME apparaissent comme des « laboratoires » de la flexibilité de l'emploi et de la précarisation. Leur taux de faillite élevé y rend aussi l'emploi beaucoup plus incertain.

B. Des difficultés à s'insérer dans le nouveau contexte de mondialisation

▪ La forte dépendance d'une large partie des PME vis-à-vis des grands groupes

Revenir sur la différence au sein des PME entre les PME sous-traitantes de capacités (très dépendantes des commandes des grands groupes) et celles qui sont spécialisées et inversent assez souvent le rapport de force à leur avantage. Prendre l'exemple d'Airbus Industrie. Une grande partie des PME reste très dépendante des commandes des grands groupes et subit de plein fouet les aléas conjoncturels.

Elles sont très souvent le résultat de processus d'externalisation de certaines activités de la part des grands groupes, ce qui peut renforcer, dans certains cas, leur dépendance vis-à-vis des groupes dans un cadre de filialisation.

Difficile accès à la sphère de la globalisation financière.

▪ Une faible présence à l'international

Les PME ont un rôle important sur le plan national, mais beaucoup moins dans le cadre de la mondialisation actuelle et de l'ouverture croissante des économies. Ainsi, en France, elles ne réalisent que 13 % des exportations et 32 % des importations (chiffres 2005).

Corrigé du sujet n° 2 : deux propositions de plan synthétique

Plan synthétique n° 1

1. Protectionnisme de la fin du XIXe siècle/protectionnisme depuis 1970 : des contextes, des processus et des questions similaires

A. Des conditions qui se ressemblent fortement

– Le protectionnisme apparaît après une période longue de forte croissance.

– La dépression crée les conditions de l'émergence du protectionnisme (ralentissement de la croissance, problèmes d'emploi et de chômage, secteurs en difficulté...).

B. Le protectionnisme s'inscrit à chaque fois dans un cadre de libéralisation des échanges

– Le protectionnisme de la fin du XIXe siècle : une réaction à la première mondialisation.

– Le protectionnisme depuis 1970 : la recherche d'un compromis entre mondialisation et protectionnisme (nouvelles théories du commerce international, présence de règles et d'institutions comme l'Organisation mondiale du commerce...).

2. Cependant, des divergences importantes entre le protectionnisme de la fin du XIXe siècle et celui de la fin du XXe siècle

A. Une nature de protectionnisme foncièrement différente

– Un protectionnisme uniquement tarifaire fin XIXe siècle.

– Un protectionnisme non tarifaire et diversifié fin XXe siècle.

B. La régionalisation des échanges modifie fortement le protectionnisme

– Fin XIXe siècle, un protectionnisme national.

– Fin XXe siècle, un nouveau protectionnisme régional.

Plan synthétique n° 2

1. Protectionnisme éducateur et/ou protectionnisme des industries vieillissantes

A. La permanence d'un protectionnisme éducateur (Friedrich List)...

B. ... mais aussi d'un protectionnisme des secteurs en difficulté (Nicholas Kaldor)

2. D'un à des protectionnismes

A. Le protectionnisme tarifaire national, voire nationaliste de la fin du XIXe siècle

B. Les protectionnismes régionaux, plus transparents mais aussi plus diffus, de la fin du XXe siècle

3. Libéralisation des échanges et protectionnisme

A. Un protectionnisme qui répond très souvent à une vague de libéralisation des échanges, mais par des voies différentes

B. Un protectionnisme toléré dans un cadre organisé de libre-échange

Corrigé des questions de cours

Question n° 1 : La place de l'Etat dans les théories de la croissance endogène.

Question n° 2 : Quelles sont les limites des politiques menées par le Fonds monétaire international depuis le début des années 1980 ?

Question n° 3 : La mobilité sociale a-t-elle connu des transformations dans les 25 dernières années ?
Question n° 4 : Quelles sont les raisons qui justifient l'indépendance des banques centrales ?

Présentation générale des questions

Ces quatre questions couvrent, dans leur variété, plusieurs chapitres du programme, avec, comme très souvent à ce concours (et il faut s'en réjouir), une question d'ordre sociologique. Sur ce point, en revanche, il est à noter que le thème de la mobilité sociale revient de manière assez récurrente, laissant de côté d'autres points sociologiques abordés dans le programme, comme celui des niveaux de vie ou de l'école. La question n° 4 sur l'indépendance des banques centrales peut susciter quelques remarques, au moins sur sa forme. En effet, même si la tendance actuelle est à l'indépendance, la formulation donne l'impression que l'indépendance des banques centrales est une évidence ou une nécessité, alors qu'il y a encore quelques banques centrales sous contrôle de l'Etat, qu'elles ont été très longtemps sous la tutelle publique et qu'il y a aussi des intérêts à contrôler ces banques centrales. Sur la question n° 1, il fallait se concentrer sur le rôle de l'Etat dans les théories de la croissance endogène et ne pas faire trop de développements sur ces théories elles-mêmes. Cependant, dans l'ensemble, ces questions permettent de bien évaluer les connaissances et les capacités de réflexion des candidats. Il faut, pour chaque question, tenter de définir les notions qui apparaissent essentielles (ici, par exemple, la croissance endogène, le Fonds monétaire international, la mobilité sociale, la banque centrale...).

Par ailleurs, les étudiants sont invités à répondre à ces questions en 200 mots environ. Cependant, afin d'apporter le maximum d'informations sur les sujets posés, les réponses proposées ici dépassent ce calibrage. La démarche reste au demeurant la même : expliciter les notions clés du sujet et apporter le maximum d'éléments de réponse.

Question 1 : La place de l'Etat dans les théories de la croissance endogène.

Les théories de la croissance endogène apparaissent dans les années 80 et représentent ce qu'il est convenu d'appeler « les nouvelles théories de la croissance ». Elles s'inscrivent dans le courant libéral néoclassique, en apportant une réponse à la théorie traditionnelle établie par Robert Solow en 1956. Pour Solow, le progrès technique est un facteur exogène de la croissance et les rendements de ce capital nouveau sont décroissants. A l'opposé, les théories de la croissance endogène montrent que la croissance résulte d'un processus endogène cumulatif des facteurs de production (capital et travail) produisant des effets externes et des rendements croissants. Dans ce processus, l'Etat a un rôle essentiel d'incitation à l'investissement (privé et public) sous toutes ses formes. Pour Paul Romer, les dépenses publiques en matière de recherche et développement (R & D) doivent non seulement élargir les capacités d'innovation, donc diffuser du progrès technique, mais aussi créer des effets externes, facteurs de rendements croissants. La double nature de la R & D, qui est à la fois un bien contrôlable et facturable (les entreprises perçoivent d'emblée les effets bénéfiques de cet investissement) et un bien « non rival » (ces dépenses peuvent être exploitées par l'ensemble de la population), justifie l'intervention publique. Robert Lucas, partant des travaux de Gary Becker sur le capital humain (1964), met l'accent sur les acquisitions de connaissances par les individus qui vont permettre non seulement d'élever la productivité du travail, mais également de diffuser des externalités positives en matière de croissance. Là aussi, dans ces domaines, l'action de l'Etat est primordiale en matière de formation générale, de formations continue et professionnelle, et représente un cadre institutionnel et réglementaire favorable à ce type d'investissement. Enfin, pour Robert Barro, les investissements publics en matière d'infrastructures de transport et de communication créent des rendements croissants pour les investissements privés. Ainsi, les actions de l'Etat dans les théories de la croissance sont non seulement indispensables, mais elles permettent aussi de faire face aux défaillances du marché (*market failures,* qui nous renvoient aux théories du début du XXe siècle d'Alfred Marshall et d'Arthur Cecil Pigou).

Question 2 : Quelles sont les limites des politiques menées par le Fonds monétaire international depuis le début des années 1980 ?

Le Fonds monétaire international (FMI) a été créé lors des accords de Bretton Woods (juillet 1944), avec comme mission principale de promouvoir la coopération monétaire et la stabilité financière internationale. Près de 200 pays adhèrent aujourd'hui au FMI et versent des quotes-parts qui déterminent un budget permettant de financer des opérations de prêts aux pays en difficulté monétaire et financière. A partir du début des années 70, avec la fin progressive du système de Bretton Woods (qui débute le 15 août 1971 avec la fin de la convertibilité-or du dollar), le FMI va avoir un rôle plus actif. Il participera au règlement de certaines crises monétaires et financières aiguës comme au Mexique en 1982 et 1994-1995, en Asie avec la crise qui touche au départ la Thaïlande (1997), puis qui se diffuse à une majorité de pays de la zone (Malaisie, Philippines, Corée du Sud...), à la Russie (1998) et à l'Amérique du Sud (Brésil en 1998, Argentine en 2000...). Cependant, beaucoup de critiques lui sont adressées :

- L'octroi de prêts aux pays en difficulté (qui sont très souvent des pays en développement) est conditionné par des plans d'ajustement structurel (PAS) qui peuvent limiter, voire bloquer les perspectives de croissance et de développement. En effet, les mesures préconisées par le FMI sont d'inspiration libérale, comme la réduction des déficits budgétaires, la libéralisation des marchés, l'ouverture des frontières..., et peuvent avoir des conséquences très fâcheuses sur l'économie (croissance ralentie, baisse du pouvoir d'achat...) et sur un plan social. D'ailleurs, certains PAS ont suscité des mouvements très brutaux de la part des populations touchées par des restrictions alimentaires (Afrique du Nord au début des années 80, Argentine en 2000).

- Ainsi, la similarité de mesures ne prenant pas en compte les particularismes économiques, sociaux et culturels des pays amène à une désarticulation et à une fragilisation de ces économies et sociétés. Les choix financiers opérés par le FMI (choix du pays, montant et conditions du prêt) peuvent apparaître ambigus sur un plan politique. En effet, certains pays comme la Corée du Sud (1998) ont obtenu des conditions beaucoup plus intéressantes et larges que certains pays d'Afrique centrale. De plus, le FMI est également endetté, ce qui limite ses capacités d'intervention. D'une certaine manière, le FMI n'arrive pas ou plus à assurer son rôle de prêteur en dernier ressort.

- Parfois, le FMI n'arrive pas à éteindre certains « incendies monétaires et financiers », voire les attisent, mais en même temps, il a beaucoup de difficultés à les prévoir. Un travail statistique plus développé en matière de prospective est sans doute souhaitable.

– Aider financièrement les pays peut aussi amener un aléa moral, c'est-à-dire qu'il ne met qu'un pansement sur une difficulté financière sans guérir la situation et éviter les crises monétaires et financières futures.

Face à ces critiques, le FMI s'est réformé sur un plan interne en 1999, mais les limites restent présentes. Le président actuel, le Français Dominique Strauss-Kahn, affirme sa volonté de donner au FMI une nouvelle place dans l'architecture financière mondiale.

Question 3 : La mobilité sociale a-t-elle connu des transformations dans les 25 dernières années ?

La mobilité sociale est le passage d'un individu (mobilité individuelle) ou d'un groupe d'individus (mobilité collective) d'un groupe social à un autre. L'étude de la mobilité sociale en France se réalise à partir d'enquêtes (enquêtes Formation et qualification professionnelle) menées par l'Insee (1970, 1977, 1985, 1993, 2003) qui établissent deux documents essentiels : les tables de mobilité intergénérationnelle du recrutement (origine sociale des individus appartenant aux différentes professions et catégories socioprofessionnelles [PCS]) et de la destinée (devenir social des individus). En un quart de siècle, la mobilité sociale en France a peu évolué, selon l'Insee. En 2003, un homme âgé de 40 à 59 ans sur trois a une position sociale identique à celle de son père au même âge. Cependant, les situations sont très variées selon les groupes sociaux : 9 agriculteurs sur 10 sont fils d'agriculteurs, contre 2 sur 10 pour les cadres, 6 ouvriers sur 10 sont fils d'ouvriers, les catégories moyennes ayant une origine sociale plus variée. Cette mobilité s'explique en grande partie par les changements structurels de l'économie et les évolutions démographiques des groupes : développement des métiers de l'encadrement par la concentration des entreprises, modernisation de l'agriculture, désindustrialisation, développement des métiers de l'enseignement et de la santé... La mobilité sociale s'effectue essentiellement entre les groupes sociaux proches (surtout dans les couches moyennes) et ce sont les mobilités horizontales qui restent dominantes (changement de profession, mais pas de PCS).

Mais cette mobilité sociale a diminué sur la période récente, à l'inverse de la période fordiste. Certains groupes sociaux sont enfermés dans une forte reproduction sociale (ouvriers), d'autres connaissent une régression sociale par le biais de « déclassements » (agriculteurs, employés, ouvriers, mais aussi une partie des catégories moyennes, selon le sociologue Louis Chauvel), d'autres, encore, se ferment, comme celui des cadres et professions intellectuelles, maintenant leur position sociale haute dans la hiérarchie sociale. L'ascenseur social semble donc être en panne aujourd'hui, dénotant un rôle moins prégnant des institutions sociales de base comme l'école ou la famille dans le processus de mobilité sociale pour les catégories populaires ainsi qu'une partie des catégories moyennes (études de Pierre Bourdieu et de Louis Chauvel, par exemple) et des comportements plus individualistes (Raymond Boudon). C'est sans doute la marque d'une société qui se tend de plus en plus (marquage des oppositions entre les groupes), d'une solidarité sociale plus faible et d'inégalités sociales plus fortes.

Question 4 : Quelles sont les raisons qui justifient l'indépendance des banques centrales ?

Une banque centrale est une institution financière qui, au sein d'un système bancaire hiérarchisé, détient le monopole de l'émission monétaire. Une banque centrale est d'une certaine manière « la banque des banques », c'est-à-dire qu'elle est le prêteur en dernier ressort (assurant la liquidité du système économique et financier, intervenant en cas de crise) et qu'elle est très impliquée dans la surveillance, la stabilité et la crédibilité du système financier (action réglementaire). Selon les statuts des différentes banques centrales, leurs missions peuvent différer, mais une mission fondamentale (plutôt récente) est de mener la politique monétaire dans un cadre institutionnel d'indépendance. Presque partout dans les pays développés, les banques centrales sont désormais indépendantes des gouvernements, à tel point que l'on peut parler de *« l'ère des banques centrales »*, selon l'expression de Jean-Pierre Patat. Cependant, si certaines banques centrales ont été indépendantes dès leur création (Réserve fédérale américaine en 1913, Bundesbank en 1957, Banque centrale européenne en 1999), d'autres se sont orientées récemment vers ce statut, comme la Banque d'Angleterre (1997) ou la Banque de France (1993).

Une des raisons principales qui justifie l'indépendance des banques centrales tient dans la séparation entre ces dernières et la sphère politique (gouvernement essentiellement). Ainsi, ce statut d'indépendance empêche toute influence directe sur les actions de la banque centrale, en particulier en ce qui concerne la politique monétaire. La politique monétaire n'est plus liée aux enjeux politiques (déconnectée des cycles politiques et électoraux) et la banque centrale peut mener cette politique en se fixant des objectifs strictement économiques. Ces objectifs sont différents selon les banques centrales : la Réserve fédérale américaine se focalisant davantage sur la croissance que sur l'inflation, alors que la Banque centrale européenne a intégré dans ses statuts l'objectif principal de l'inflation. L'indépendance d'une banque centrale devrait donc améliorer l'efficacité de la politique monétaire en se centrant sur son ou ses objectifs finaux (thèse défendue par les théoriciens du public choice). Les responsables politiques peuvent cependant demander aux banques centrales de justifier leurs actions (Congrès américain, Parlement européen), mais ils n'ont aucun droit d'instruction sur leurs décisions.

Cette tendance à l'indépendance des banques centrales s'inscrit dans le développement et l'application des théories libérales. Parmi elles, la théorie des anticipations rationnelles (John Muth, Robert Lucas, Robert Barro...) soutient l'idée que les agents anticipent parfaitement les décisions de politique monétaire. Il faut donc que cette politique soit lisible et crédible, et donc non liée aux enjeux politiques ; l'anticipation d'une action menée par surprise créant un biais inflationniste systématique (travaux de Finn Kydland et d'Edward Prescott). L'indépendance apparaît comme une condition nécessaire de la crédibilité des banques centrales. Elle permet aussi à la banque centrale de jouer ce rôle de stabilité et d'incitations, ainsi que d'avoir une place majeure dans l'économie (Robert Barro).

Dans le cadre particulier du système européen de banques centrales (SEBC) mis en place en 1999, l'indépendance des banques centrales de la zone euro s'explique aussi par la mise en place d'une monnaie et d'une politique monétaire communes et harmonisées, car l'euro se devait d'être en dehors des logiques de politiques économiques nationales.

Corrigés et plans proposés par Daniel Fleutôt,
professeur d'AEHSC en classes préparatoires économiques et commerciales
au lycée Charles-de-Gaulle, à Caen.

■ ■ ■

Option scientifique

Histoire, géographie et géopolitique du monde contemporain

Les sujets 2008 des concours aux grandes écoles de commerce de l'option scientifique sont très diversifiés. Certains traitent de grands thèmes : « Nourrir 6,5 milliards d'hommes » (sujet n° 2 d'Ecricome), « Le pétrole et le gaz naturel, richesses et armes à risques » (Essec). Un autre propose une approche globale du processus de mondialisation : « Que reste-t-il aujourd'hui du clivage Nord-Sud ? » (ESCP-EAP/HEC). Les trois derniers se rapportent à l'Europe (sujets n° 1 d'Ecricome et n° 2 de l'ESC) ou aux relations Chine-Japon (sujet n° 1 de l'ESC). Par ailleurs, sur les six sujets proposés par l'Essec, l'ESCP-EAP/HEC, Ecricome et l'ESC, trois réclament la confection d'une carte (ESCP-EAP/HEC, Ecricome sujet n° 2 et ESC). A noter également que sur les quatre concours, deux ne proposent qu'un seul sujet (Essec et ESCP-EAP/HEC).

Mais ces sujets ont aussi des traits communs. Tous réclament en effet un grand recul historique, de façon explicite, comme le sujet n° 1 d'Ecricome, « Le rapport de l'Europe au monde au début du XXe siècle et au début du XXIe siècle », ou implicite, « Que reste-t-il aujourd'hui du clivage Nord-Sud ? », ou encore par les documents qui y sont joints, telle la chronologie depuis 1951 dans le sujet sur le pétrole et le gaz naturel de l'Essec. Dans ce cadre, le programme de 1re année doit être mobilisé. Mais il doit l'être aussi car tous ces sujets, même les plus régionaux, nécessitent une approche globale. En outre, autre point commun, la quasi-totalité des sujets est accompagnée de documents.

Les pages qui suivent, y compris les quatre corrigés (sous forme de plans détaillés) que nous proposons, doivent être lues avant tout comme des réflexions méthodologiques. Les critiques des jurys que nous présentons, tout comme les éclairages qu'a bien voulu nous apporter François Bost, nouveau président du jury ESCP-EAP/HEC à partir de la session 2008, nous le prouvent : fini les plans types, les pseudo-ficelles pour réussir une bonne copie, vive la réflexion sur le sens du sujet, la pertinence de la problématique, la solidité du plan pour construire l'argumentation, le tout nécessairement sous-tendu par une solide connaissance des faits !

Quant aux cartes, il s'agit d'un exercice spécifique, avec des exigences graphiques et de nomenclature minimums. Mais, là encore, c'est la cohérence entre le titre de la carte, la structure de la légende (qui par ailleurs doit être courte, *« pas plus d'une page »* indique ainsi le sujet ESCP-EAP/HEC de 2008) et les principaux choix graphiques qui distinguent le bon croquis du mauvais. Car ne l'oublions pas : ce sont des concours...

« Comprendre la complexité et les mutations du monde contemporain »

Comment sont élaborés les sujets ? Qu'est-il attendu des candidats, notamment dans l'utilisation des documents et l'élaboration de la carte ? Questions à François Bost, qui revient sur l'épreuve d'histoire, géographie et géopolitique du monde contemporain de l'ESCP-EAP/HEC.

D.R.

François Bost, géographe, maître de conférences à l'université Paris-Ouest-Nanterre-La Défense, président du jury de l'épreuve d'histoire, géographie et géopolitique du monde contemporain de l'ESCP-EAP/HEC depuis la session 2008.

Dans quelle direction le programme oriente-t-il, selon vous, les sujets ?

Tout d'abord, il est important de rappeler que le programme de cette épreuve d'histoire, géographie et géopolitique du monde contemporain est ambitieux, ample, mais absolument passionnant par la masse des connaissances et des savoirs auxquels il fait appel durant les deux années de préparation au concours. L'investissement personnel des candidats dépasse d'ailleurs la simple crainte du très fort coefficient de cette épreuve et reflète l'intérêt qu'ils portent à ce programme et aux disciplines concernées.

Les sujets susceptibles de tomber ont pour vocation de couvrir les deux années de la préparation, dans une approche transversale, même s'ils peuvent dans certains cas se focaliser sur un espace particulier (par exemple, en 2007, l'espace méditerranéen). Le sujet donné en 2008, « Que reste-t-il aujourd'hui du clivage Nord-Sud ? », illustre bien le principe de la transversalité. Il est donc essentiel de rappeler que les révisions des candidats ne doivent surtout pas faire l'impasse sur la première année.

Ensuite, il importe au concepteur de sujets que je suis de proposer des libellés originaux – mais parfaitement traitables –, qui permettent notamment de revisiter sous un angle renouvelé des questions que l'on croit connues. Il faut donc se méfier des plans en fiches, formatés et passe-partout que l'on trouve dans certains manuels et que nombre de candidats apprennent par cœur et plaquent sans discernement.

Trop de candidats se contentent simplement de leurs cours, si bien que les correcteurs sont souvent amenés à corriger dans un même lot des copies ternes, qui répètent invariablement les mêmes exemples, s'organisent selon le même plan, ressassent les mêmes anecdotes, etc. Trop de candidats ignorent aussi l'actualité et n'y font nullement référence. Trop de candidats prennent également des libertés avec l'orthographe et la syntaxe, ou encore ne définissent pas les termes employés.

La carte, enfin, oriente aussi le choix des sujets, certains d'entre eux étant peu ou difficilement cartographiables.

Le concours ESCP-EAP/HEC a-t-il une spécificité ?

Les directeurs de l'ESCP-EAP et de HEC ont insisté à plusieurs reprises cette année devant les préparateurs aux concours sur la dimension humaniste qui doit sous-tendre la formation d'un futur cadre d'entreprise. Celle-ci constitue à l'évidence une spécificité bien française clairement affichée par rapport aux écoles de commerce étrangères.

L'épreuve d'histoire, géographie et géopolitique du monde contemporain s'inscrit pleinement dans cette direction. Il s'agit d'une très belle épreuve de culture générale, qui mobilise de manière équilibrée trois disciplines complémentaires qui aident à décrypter et à comprendre la complexité du monde d'aujourd'hui, non seulement par la connaissance approfondie des faits sur le temps long et de leurs dynamiques spatiales, mais aussi par le questionnement qu'elle sous-tend. Les grilles de lecture et les clés d'analyse qui fondent le programme de l'épreuve sont donc mobilisables bien au-delà du concours. Tout l'esprit de ce programme est là. C'est naturellement très ambitieux. Ceux qui ont élaboré ce programme l'ont évidemment imaginé comme une invitation à poursuivre sur le chemin de la curiosité et de la réflexion, par la lecture d'essais, l'analyse de la presse et des médias, le contact avec des observateurs privilégiés, etc. Cette culture et ce questionnement sont essentiels pour un acteur de la sphère économique. Je suis frappé de voir que beaucoup de chefs d'entreprise et de cadres de haut niveau savent faire preuve d'un grand discernement, d'un sens évident de la prospective face aux situations évolutives de notre monde actuel, ses problèmes, ses tensions et ses conflits.

La particularité, l'originalité, mais aussi toute la difficulté de cette épreuve sont dans son libellé même. Elle est en effet hybride. Elle n'invite certainement pas à penser successivement les faits à travers trois grilles de lecture spécifiques (celles de l'histoire, de la géographie et de la géopolitique), mais à travers une grille globale, aux multiples entrées, qui les articule solidement ensemble. En ce sens, la démarche insufflée est résolument géohistorique, au sens braudélien du terme. Reconnaissons-le, cet exercice intellectuel ne va pas de soi, car dans le secondaire, les candidats ont étudié ces matières séparément. Si certains d'entre eux n'arrivent toujours pas à se départir d'une discipline de référence (généralement l'histoire) dans laquelle ils s'enferment, la grande majorité, en revanche, a compris le principe de cette approche hybride. Les meilleures copies de 2008 sont à cet égard tout à fait éloquentes.

Quel est le rôle des documents d'accompagnement ?

L'épreuve est fondamentalement une dissertation, avec sa carte à construire. Elle n'est certainement pas un commentaire de documents, aussi pertinents soient-ils. Ces derniers, comme cela est bien précisé chaque année sous le libellé du sujet, ne sont là qu'en accompagnement. Ils confortent utilement le sujet posé, provoquent des associations d'idées, ouvrent souvent des pistes à creuser. Ils rassurent aussi le candidat qui peut se faire une représentation plus claire de ce que l'on attend de lui. Mais attention : ils n'ont pas vocation à cerner le sujet dans sa totalité, à l'enfermer dans des limites étroites.

Ces documents ne sont pas donnés au hasard. Ils font l'objet d'un choix mûrement réfléchi. Les candidats peuvent y glaner ici et là des informations utiles pour leur dissertation : un élément de chronologie, un chiffre, un fait, etc. C'est à mon sens comme cela qu'il faut les voir et les exploiter. En revanche, des candidats en panne d'inspiration – voire « à sec » – y puisent toute leur argumentation, généralement dans une mauvaise paraphrase. Ce n'est pas ce qui leur est demandé. Aussi sont-ils durement sanctionnés par les correcteurs.

Rappelons que ces derniers valorisent par leur notation tout ce qui enrichit une copie, dans le choix des exemples, des échelles d'analyse, des chiffres appris et judicieusement utilisés, sans oublier l'actualité du moment qui a aussi sa place (mais dont on doit faire usage avec parcimonie). Autrement dit, plus le candidat exploitera intelligemment sa culture générale, plus il saura se démarquer par l'originalité et la pertinence de sa démarche et plus il aura de chances de réussir sa copie. Bref, il est très fréquent de constater que les meilleures copies n'ont pas vraiment besoin de ces documents d'accompagnement (même si ceux-ci ont été utiles dans l'élaboration de la pensée des candidats).

Quelle est la place de la carte dans l'épreuve ? Doit-on systématiquement demander aux étudiants de la réaliser ?

La carte est obligatoire (ce fait est rappelé explicitement dans le libellé du sujet) et notée sur 5 points. Dans l'esprit de cette épreuve, la carte est indissociable de la dissertation.

Construite tout au long de l'épreuve (et non dans les minutes qui précèdent le rendu de la copie !), elle aide le candidat dans sa réflexion, en lui évitant des oublis fâcheux, en lui inspirant des dynamiques spatiales pertinentes, des mises en relation fructueuses pour sa démonstration, etc. Elle invite naturellement à la diversification des exemples.

Certes, elle demande du temps dans son élaboration et sa réalisation, et c'est pour cela qu'elle est valorisée par sa notation sur 5 points. Mais au final, cet exercice fait aussi gagner beaucoup de temps. Une carte bien pensée annonce généralement une bonne dissertation. Inversement, les mauvaises copies sont presque toutes appuyées sur des cartes indigentes ou médiocres. Au même titre que l'introduction et l'annonce de la problématique, la carte est le premier contact que le correcteur a avec la copie. C'est une raison de plus pour la soigner, ce qui ne signifie pas pour autant que l'on attend du candidat de faire montre de talents exceptionnels de dessinateur. Le choix des informations à cartographier, les dynamiques qui y sont représentées, la pertinence des figurés ou encore l'ordonnancement de la légende sont plus importants (mais attention aux légendes fleuves, totalement contreproductives !).

Comme la dissertation, la carte doit présenter une certaine originalité. La maîtrise de cet exercice s'acquiert par le biais d'un apprentissage spécifique, fait de tâtonnements et d'essais successifs durant les deux années de préparation. Si beaucoup de cartes restent très moyennes et peu efficaces (reprenant même les seules données statistiques des documents d'accompagnement), certaines témoignent en revanche d'une grande maîtrise et d'un excellent niveau d'analyse. Surtout, la carte doit refléter étroitement le sujet et ne pas donner l'impression d'être réutilisable pour un tout autre sujet, comme en témoigne, par exemple, l'absence très fréquente de titre...

Propos recueillis par Gérard Vindt

Les rapports des jurys : des conseils précieux

Beaucoup d'étudiants ne prennent pas la peine de jeter un œil aux rapports des jurys. Ils ont tort, car ils y trouveraient les attentes des correcteurs à l'égard de leur copie !

Prenons trois rapports concernant les sujets des concours 2007 :

Sujet 1 (Essec) : « L'Afrique, un continent toujours périphérique et en mal de développement ? ».

Sujet 2 (ESCP-EAP/HEC) : « La Méditerranée, jeux d'interfaces économiques et géopolitiques de 1945 à nos jours ».

Sujet 3 (Ecricome) : « Etats-Unis, Japon, Chine : coopérations et rivalités économiques et géopolitiques dans le monde d'aujourd'hui ».

Nous avons tiré quelques leçons de ces commentaires, qui permettent de dégager des conseils de base.

Ne pas oublier en quoi consiste l'exercice de la dissertation

Trop d'étudiants ont perdu de vue le fait qu'ils devaient construire une démonstration. Le travail commence donc d'abord par une analyse précise du sujet, enrichie par les données et idées présentes dans les documents fournis, ce qui débouche sur une problématique et un plan organisant les arguments pour la démonstration. Ce travail est présenté dans l'introduction, puis développé dans les différentes parties. Reste la conclusion... et la carte.

Sujet 1 : *« Les futurs candidats* [...] *doivent être très attentifs aux exigences intellectuelles de l'épreuve : précision de l'analyse, rigueur de l'argumentation, cohérence de la démonstration. »*

Sujet 2 : *« La dissertation est une démonstration organisée autour de notions et de concepts qui doivent toujours être illustrés par des exemples développés et variés. Se réfugier dans de longues récitations de faits, de dates et de chiffres n'a pas grand intérêt et n'est pas rémunérateur pour la note finale ! Il convient pour beaucoup de candidats de passer du récit (il était une fois...) à l'analyse. »*

Bien lire et analyser le sujet

Tous les jurys insistent fortement sur la nécessité de lire très attentivement le sujet, de l'analyser dans son ensemble, expression par expression, mot après mot, en pesant leur sens (sans oublier les liens « et », « ou »), pour éviter les contresens, les hors-sujet ou les approches réductrices et, surtout, pour proposer une problématique.

Sujet 1 : *« L'analyse méthodique des termes du sujet, enjeu essentiel de l'introduction qui commande l'ensemble de la dissertation, laisse encore trop souvent à désirer.* [...] [Le terme] *"périphérique" a le plus souvent été posé comme équivalent de marginal, si ce n'est d'isolé.* [...] *La notion mérite réflexion pour éviter toute simplification abusive.* [...] *Il convenait par conséquent de mettre en relief l'insertion asymétrique d'une Afrique qui a d'importantes relations avec le monde, mais inégales.* [...] *Toujours ? L'adverbe inscrit clairement le sujet dans la durée.* [...] *Or la dimension proprement historique a été escamotée.* [...] *Beaucoup trop de candidats ont tiré le sujet vers "la place de l'Afrique dans la mondialisation". »*

Sujet 2 : *« Le terme d'interface est défini dans moins d'une copie sur deux.* [...] *De même, la Méditerranée est rarement délimitée.* [Certains n'ont étudié] *que les rapports Union européenne/Afrique du Nord. »*

Sujet 3 : *« Ce sujet était plus difficile qu'il n'y paraît, chaque terme du libellé devant être analysé pour répondre correctement à la question posée. »*

Bien utiliser les documents

Sujet 1 : *« La plupart des candidats n'ont pas tenu compte des statistiques décennales qui leur étaient fournies. »*

Sujet 2 : *« Un levier d'analyse à mobiliser.* [...] *Les documents statistiques constituent une aide précieuse à la réalisation de la carte. Ils peuvent aussi, comme la chronologie, permettre aux candidats de retrouver plus facilement des idées importantes pour le sujet.* [...] *Au total, ces données ont été souvent trop peu utilisées judicieusement à l'appui d'une démonstration fondée. »*

Avoir une problématique

La problématique est l'hypothèse centrale de la dissertation.

Sujet 2 : *« Une problématique claire ne se borne pas à recopier le libellé du sujet en y ajoutant un point d'interrogation. La problématique ("qu'est-ce que je vais démontrer ?") doit montrer comment le candidat a compris le sujet et, à partir de là, ce qu'il va démontrer. »*

Construire un plan efficace

Le plan, lui, permet d'organiser la démonstration. Un plan rigoureux est un plan qui remplit cette fonction.

Sujet 1 : *« La conduite de la démonstration exige un minimum de rigueur et de cohérence. [...] A l'intérieur de chaque grande partie, le propos est souvent décousu et confus : on passe de la conférence de Berlin à la fracture numérique, de la faiblesse de l'IDH* [indice de développement humain, NDLR] *au manque d'infrastructures de transports. »*

Sujet 2 : *« Si le jury s'est toujours refusé à proposer un corrigé organisé par un plan type afin d'éviter que les candidats ne s'enferment dans des structures sclérosées, il convient cependant cette année de faire quelques remarques. Comme nous l'avons dit, les plans adoptés ont été, majoritairement et de manière surprenante, chronologiques dans un sujet qui pourtant ne s'y prêtait guère. »*

Faire une bonne introduction

L'introduction doit contenir l'analyse du sujet, la problématique et le plan.

Sujet 2 : *« De nombreux candidats négligent l'introduction alors qu'elle constitue une partie essentielle du devoir. [...] Rappelons que l'introduction contient une définition des termes et concepts proposés et de l'espace étudié, la présentation d'une problématique claire - trop souvent réduite à la répétition du libellé du sujet - et l'annonce du plan (trop souvent confondue avec la problématique) qui a pour but de donner les grandes étapes dans un ordre logique de la démonstration. »*

Soigner son style

La qualité rédactionnelle est un facteur de sélection aux yeux des jurys.

Sujet 1 : *« Le jury sanctionne les fautes d'orthographe, le style SMS, les familiarités, les néologismes, si ce n'est les barbarismes. »*

Sujet 2 : *« La dissertation permet aussi d'évaluer la capacité à communiquer et à s'exprimer dans un français correct. [...] Quand la langue et la syntaxe se dérobent, c'est la capacité de réflexion qui est atteinte. »*

Ne pas oublier la conclusion

La conclusion doit répondre à la problématique et élargir l'analyse.

Sujet 2 : *« Les candidats ont en fait du mal à synthétiser en une demi-page le résultat de leur travail, et à replacer le thème proposé dans un cadre plus large. Il était possible, voire nécessaire, en conclusion d'élargir l'analyse en comparant la Méditerranée euro-arabe qu'ils venaient d'étudier à d'autres Méditerranées. Trop de candidats se limitent à un résumé de leur dissertation sans élargissement. »*

■ ■ ■

Sujet : Que reste-t-il aujourd'hui du clivage Nord-Sud ?
(ESCP-EAP/HEC, 2008).

Présentation du sujet

Sept documents accompagnaient ce sujet : une chronologie allant de 1927 à 2006, deux cartes (« Les situations économiques et les nouvelles industrialisations en 1985 », « La population disposant de moins de 1 dollar par jour pour vivre en 2005 »), un graphique (« Evolution des investissements directs étrangers par groupe de pays de 1980 à 2006 ») et trois tableaux (« Répartition géographique de l'aide publique au développement en pourcentage de 1960-1961 à 2004 », « Les grandes zones de l'économie mondiale en 2007 : PIB, population, PIB par habitant, croissance moyenne annuelle 1997-2006... », « Population totale et taux d'urbanisation dans les différents continents du monde en 1950, 2007, 2030 »).

Par ailleurs, une carte à réaliser obligatoirement accompagne ce sujet : *« En utilisant vos connaissances et si nécessaire les documents ci-joints, construisez une carte mettant en évidence le clivage Nord-Sud dans ses différentes composantes, ses évolutions, etc. La légende ne devra pas faire plus d'une page. »*

Ce sujet est d'apparence simple, mais il faut l'aborder avec les précautions d'usage, c'est-à-dire une réflexion sur les termes du sujet. Un clivage est ce qui sépare, ce qui distingue deux ensembles, ici le Nord et le Sud. Le mot au singulier renvoie à une échelle mondiale, ce que confirment tous les documents, à commencer par les deux cartes : il ne s'agit pas de clivages internes aux pays, il ne faut donc pas évoquer un certain héliotropisme dans l'OCDE ou le partage de la Côte d'Ivoire, par exemple. Il renvoie aussi à une époque où ce clivage est conçu comme manichéen, l'époque de la colonisation/décolonisation et de la guerre froide : la chronologie commence avec la première grande réunion de peuples opprimés contre l'impérialisme et l'oppression coloniale en 1927, suivie de l'expression « tiers monde » d'Alfred Sauvy en 1952.

Il ne s'agit pas pour autant de décrire l'évolution de ce clivage depuis cette époque. En effet, le sujet demande ce qu'il en reste, c'est-à-dire un tableau, un bilan. Cette idée de bilan est renforcée, répétée par le terme « aujourd'hui ».

Alors, que reste-t-il aujourd'hui de ce qui séparait le Nord et le Sud il y a cinquante-soixante ans ? Le Nord a-t-il changé ? Le Sud a-t-il changé ? Les relations Nord-Sud ont-elles changé ?

Corrigé

Le clivage Nord-Sud a été défini par toute une série d'expressions, d'événements et d'auteurs : *« pays sous-développés »* (Président Truman, 1949), *« tiers monde »* (Alfred Sauvy, 1952), les conférences de Bandung (indépendance, dignité, 1955) et de Belgrade (non-alignement, 1961), Frantz Fanon (*Les damnés de la terre*, 1961) ou Pierre Jalée (*Le pillage du tiers monde*, 1965). Ce qui sépare le Nord et le Sud est d'ordre politique (indépendance/colonisation), économique (niveau de vie, développement économique, échange inégal, division internationale du travail), géopolitique (les grandes puissances sont au Nord, au Sud les pays dominés), social (sociétés rurales, agricoles) et culturel. Ce clivage est identifié à travers et en réaction à un autre clivage autrement plus important dans cette période de l'après-Seconde Guerre mondiale et des années 50 : la guerre froide. Ce clivage est très manichéen, gommant toute diversité du Sud malgré des histoires et des situations bien différentes (Amérique latine et Afrique, poids démographiques...). En reprenant aujourd'hui les critères qui l'ont fondé, on montrera que s'il reste des traces de ce clivage, celui-ci ne permet plus de décrire le monde.

Si certains critères sont toujours significatifs et se sont mêmes renforcés (partie 1), le clivage s'est atténué et transformé (partie 2), alors que de nouveaux pôles et interdépendances émergent dans l'économie mondiale (partie 3).

1. Certains critères restent significatifs et se sont même renforcés

A. Des critères constants

- Indicateurs de développement : produit intérieur brut (PIB) par habitant en dollars ou en parité de pouvoir d'achat (PPA), indice de développement humain (IDH)...
- Croissance démographique et place des femmes.
- Taux de mortalité général et infantile, espérance de vie à la naissance.
- Poids des sociétés rurales et vigueur de l'urbanisation.
- Des maladies du Sud : tuberculose, paludisme, sida.
- Faiblesse des infrastructures.
- Faible industrialisation et manque d'emplois.
- Dépendance à l'égard de l'aide publique au développement (APD).

Les « objectifs du millénaire » portent sur la division par deux des principaux indicateurs de pauvreté dans les Suds.

B. Ce qui renforce le clivage

- Les migrations de population du Sud vers le Nord existent toujours, mais elles ne sont plus aussi libres : renforcement des frontières Etats-Unis/Mexique et de celles de l'Union européenne (espace Schengen). Affaiblissement humain des pays de départ, malgré les capitaux envoyés par les émigrés. Il n'y a pas un clivage comparable en Asie.
- Rôle du Fonds monétaire international (FMI) et de ses plans d'ajustement structurel qui contraint à l'ouverture des économies peu concurrentielles.
- Situations différentes face aux risques naturels : systèmes de prévention et d'aides plus efficaces au Nord (tsunami en Indonésie).

C. Les nouvelles lignes de partage sont géographiques et sociales

- Des critères qui restent significatifs : en 1980, un rapport au secrétariat de l'Organisation des Nations unies (ONU) intitulé « Nord/Sud : un programme de survie » présente en couverture une mappemonde selon la construction de Peters comportant pour la première fois la fameuse ligne Nord/Sud. Mais ils ne concernent plus les mêmes espaces au Sud, car ce dernier s'est diversifié : notions de pays les moins avancés (PMA), de nouveaux pays industrialisés (NPI) dès les années 70. Les NPI ont tendance à rattraper les pays de l'OCDE, tandis que l'écart se creuse entre les PMA et l'OCDE, mais aussi entre les PMA et les NPI.
- Il faut également prendre en compte les diversités au sein des sociétés. Dans les années 50, la tendance à la réduction des inégalités caractérisait les sociétés de l'OCDE,

c'est moins le cas aujourd'hui. D'où un vocabulaire nouveau, comme le « quart monde », les « salariés pauvres ». Ces inégalités croissantes suscitent dans les pays de l'OCDE l'inquiétude d'une partie de la classe moyenne devenue *« classe anxieuse »*, selon l'expression de l'économiste Robert Reich. Au contraire, ces inégalités nouvelles reflètent une croissance économique récente dans les anciens pays en voie de développement (PVD) et nourrissent l'espoir d'une amélioration des conditions de vie. Les sociétés de ces pays sont marquées par de très fortes diversités : un nombre accru de milliardaires (comme au Nord), une classe moyenne dont le niveau de consommation progresse (alimentation, logement, automobile...) et encore une grande pauvreté très abondante (urbaine et rurale).

Les années 80 (fin de la guerre froide, libéralisation de l'économie capitaliste) ont connu un bouleversement de la carte de la croissance économique et du développement.

2. Cette nouvelle géographie de la croissance économique atténue et transforme le clivage Nord-Sud

A. La nouvelle géographie de la croissance économique de type capitaliste

▪ Les taux de croissance les plus forts sont désormais au Sud, où un certain nombre de pays sont engagés dans une dynamique de rattrapage des pays du Nord : part du Sud dans le commerce mondial des produits manufacturés mais aussi des services, nouvelle division internationale du travail ; remontée des filières, efforts de formation, politiques économiques et sociales efficaces.

▪ Ce qui entraîne de nouvelles formes d'intégration Nord-Sud :

– régionales : formelles (processus de Barcelone/Union pour la Méditerranée et Accord de libre-échange nord-américain [Alena]) ou informelles (*maquiladoras* [1] et surtout en Asie de l'Est et du Sud-Est).

– transnationales : investissements directs à l'étranger (IDE) et commerce international. Les IDE venus du Nord vont davantage au Sud, mais surtout, certains d'entre eux vont du Sud vers le Nord, de grandes firmes multinationales du Sud (Mittal, Tata, Lenovo...) et des fonds souverains [2] investissent au Nord.

▪ Ce qui entraîne aussi une forte divergence sur la question du développement durable, malgré la notion de « bien commun ». Attitude de la Chine qui entraîne les PVD dans une même position face au protocole de Kyoto, ce qui montre une permanence du clivage Nord-Sud : priorité à la croissance au Sud.

▪ Dans certains pays émergents, on constate également un progrès de la démocratie (Amérique latine dans les années 80, alternances politiques en Corée du Sud et à Taiwan plus récemment), ce qui les rapproche, là aussi, des pays de l'OCDE.

B. Des coopérations qui remodèlent l'économie mondiale

▪ Des interdépendances Nord-Sud. Cas particulier, mais très important, des relations entre la Chine et les Etats-Unis. Les exportations chinoises dépendent largement du marché intérieur des Etats-Unis, tandis que le financement de la dette de ces derniers et la stabilité du dollar dépendent largement des capitaux chinois. C'est un peu le même schéma entre les Etats-Unis et les autres NPI asiatiques. La Chine acquiert ainsi un poids géopolitique totalement inédit.

Cas aussi particulier de l'Organisation des pays exportateurs de pétrole (Opep) : la dépendance énergétique des pays de l'OCDE accroît la place des pays exportateurs de pétrole. Les zones d'exportation de pétrole sont les derniers lieux du conflit Nord-Sud (complexité du Proche-Orient, affirmation militaire des Etats-Unis dans le golfe de Guinée, discours de Hugo Chávez au Venezuela).

▪ Le Sud s'organise : l'Association des nations d'Asie du Sud-Est (Asean) et l'Asean plus 3 (avec le Japon, la Chine et la Corée du Sud), mais surtout le Mercosur (« marché commun de l'Amérique du Sud ») et l'Union des nations sud-américaines (12 pays) tentent de structurer, à l'image de l'Union européenne, une Amérique latine où la dernière guérilla héritée des années 60 (Farc, en Colombie) est en grande difficulté.

Les composantes et les évolution

▪ Pression des pays du Nord, des consommateurs et d'organisations non gouvernementales (ONG) pour diffuser des normes minimales et une meilleure redistribution des richesses : faire notamment référence au collectif De l'éthique sur l'étiquette ou au commerce équitable.

▪ Evolution des grands organismes internationaux. La réforme de l'ONU envisagée depuis les débuts des années 90 n'a toujours pas abouti. Mais 2008 a vu une première réforme des droits de vote au FMI, qui renforce, de façon insuffisante de leur point de vue, le poids des pays du Sud.

u clivage Nord-Sud

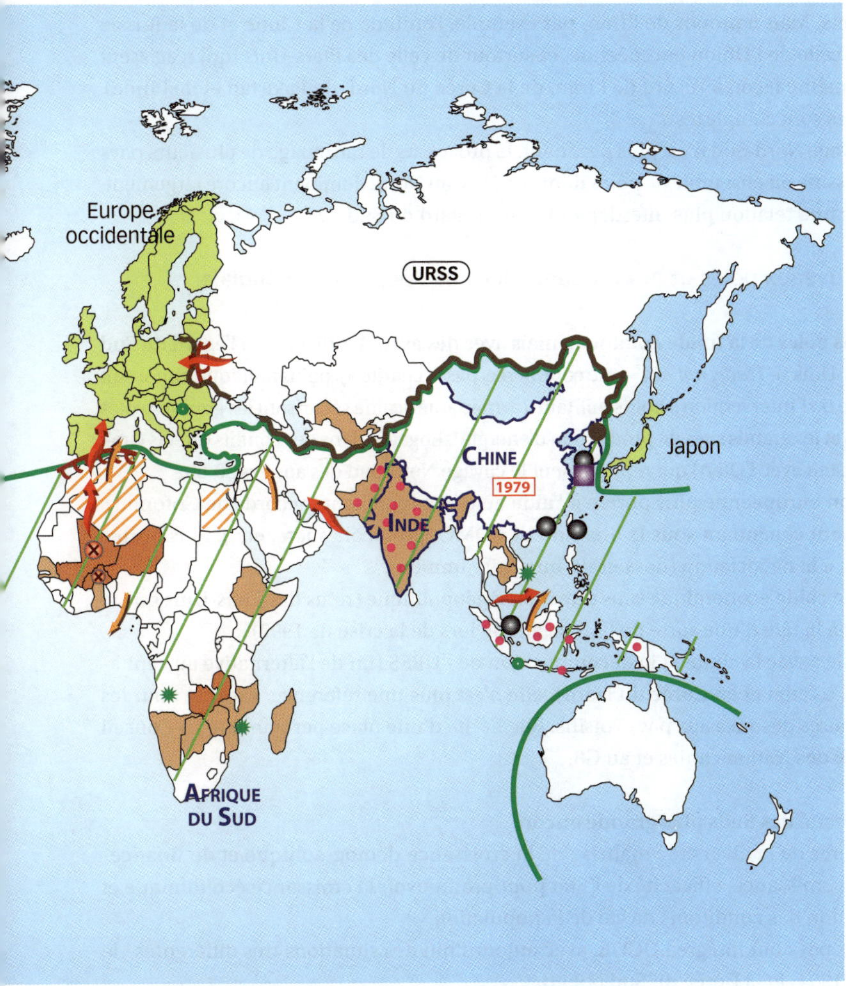

[1] Mesure prise au sein du Gatt dans les années 70, à la demande de la Cnuced, et consistant à ce que les parties contractantes (pays signataires de l'accord du Gatt) acceptent en franchise douanière et sans réciprocité les importations en provenance des pays les plus pauvres.

[2] Terme inventé (par référence à la révolution industrielle) pour désigner la mise au point et la généralisation de céréales (riz) à haut rendement au début des années 80 en Inde, puis dans d'autres pays de l'Est asiatique ainsi qu'au Mexique (maïs).

L'Organisation mondiale du commerce (OMC) offre des perspectives réellement nouvelles aux pays du Sud : faire respecter les règles de l'organisation, y compris par les pays du Nord qui, jusqu'en 1994, dictaient (surtout les Etats-Unis) leurs volontés au Gatt (Accord général sur les tarifs douaniers et le commerce). Le G20 (groupe de 20 pays du Sud dominés par le Brésil, l'Inde et l'Afrique du Sud) a déposé des plaintes contre les pays du Nord concernant le coton, le sucre ou l'accès aux médicaments. Ces actions ont souligné la diversité du Nord (Etats-Unis et Union européenne sur la sellette face au groupe de Cairns [3], Japon très en retrait) et du Sud (quand le Brésil obtient une ouverture du marché du sucre au Nord, il met en difficulté les pays bénéficiaires des accords de Lomé/Cotonou).

▪ En revanche, sur un plan plus géopolitique, la question de l'accès ou non de nouveaux pays à l'arme nucléaire oppose les tenants du traité de non-prolifération aux nouveaux prétendants. Mais à propos de l'Iran, par exemple, l'attitude de la Chine et de la Russie diffère de celle de l'Union européenne, et surtout de celle des Etats-Unis (qui n'agissent pas de la même façon à l'égard de l'Iran, de la Corée du Nord, du Pakistan et de l'Inde). Les clivages sont complexes.

Le clivage Nord-Sud n'est plus pertinent, le processus de rattrapage de plusieurs pays du Sud dessine un ensemble de pôles dont certains, au Nord, dominent encore largement, mais dans une relation plus interdépendante à l'égard du Sud.

3. Les nouveaux pôles et interdépendances de l'économie mondiale

A. Les trois pôles de la triade dominent, mais avec des attitudes diverses à l'égard du Sud

▪ Etats-Unis : « *Trade, not Aid* » (« le commerce, pas la charité »), poids politique important (la menace ou l'intervention), poids militaire (armée américaine sécurisant les grandes voies maritimes et les grands sites de production d'énergie). Engagés dans des conflits directs (Irak et Afghanistan avec l'Otan) qui reproduisent le clivage Nord-Sud des années 50-60.

▪ Union européenne plus portée à l'aide au développement (accords de Cotonou), ceci évoluant cependant sous la pression de l'OMC (protocole sucre, etc.). Plus portée également à la négociation (dossier du nucléaire iranien).

▪ Japon : aide économique sans dimension géopolitique (refus des Etats-Unis que le Japon soit à la tête d'une sorte de FMI asiatique lors de la crise de 1997).

▪ Russie : avec la chute et la décomposition de l'URSS (fin de l'alternative au capitalisme sauf à Cuba et en Corée du Nord), elle n'est plus une référence, excepté pour les hydrocarbures destinés aux pays voisins. Elle hérite d'une place permanente au Conseil de sécurité des Nations unies et au G8.

B. La diversité des Suds plus grande encore

▪ Critères de la diversité : maîtrise de la croissance démographique et du financement de la croissance, efficacité de l'Etat pour promouvoir la croissance économique et l'amélioration des conditions de vie de la population.

▪ Deux pays ont intégré l'OCDE, avec aujourd'hui des situations très différentes : le Mexique (1994) et la Corée du Sud (1996).

▪ Pays émergents : dragons asiatiques, Chine, Brésil, Afrique du Sud, autres nouveaux pays industrialisés..., Inde. Croissance économique, processus de rattrapage du Nord, voire de concurrence dans certains domaines avec là aussi des situations très diverses, notamment en fonction du poids démographique. Singapour a, par exemple, un produit intérieur brut par habitant comparable à celui de la France du milieu des années 90.

▪ Pays exportateurs de pétrole : forte capacité financière qui leur donne les moyens de faire face à certaines difficultés (dessalinisation de l'eau de mer en Arabie Saoudite, Libye), mais faibles politiques de développement et diversification récente des revenus pour certains Etats du Golfe persique.

▪ PMA qui restent à l'écart du dynamisme de l'économie mondiale ou bien y participent dans une situation de dépendance (exportations limitées aux produits bruts). Les indicateurs socio-économiques ont progressé depuis les années 60, mais l'écart avec les autres pays reste vif : la croissance démographique, la faible capacité de financement de l'économie et l'inefficacité des gouvernements restent des handicaps lourds. Urbanisation et exode rural vigoureux. Fort impact de l'APD, qui représente à peine 10 % des dépenses militaires mondiales (Alfred Sauvy mettait déjà en relation cet écart entre l'APD et les dépenses militaires dans son article « Trois mondes, une planète » de 1952).

C. Les flux croissants

Accroissement et diversification des flux Nord-Sud et Sud-Sud. Notamment au sein de chaque continent du Sud (ASEAN, Japon, Chine, dragons ; en Afrique et en Amérique latine), comme entre ces continents (omniprésence de la Chine). Echanges surtout de produits manufacturés et de services (infrastructures, savoir-faire).

Conclusion

Le clivage Nord-Sud n'a pas totalement disparu (migrations de population, G20 à l'OMC, attitude des PVD face au protocole de Kyoto), mais il a très fortement évolué et le manichéisme qui prévalait, déjà à tort, dans les années 50-60, est totalement dépassé aujourd'hui. Ce qui reste du clivage est d'ordre social, économique et politique plus que culturel, avec une tendance de long terme au rattrapage déjà largement observable (dragons asiatiques) ou bien engagé (Brésil, Chine...) de certaines économies du Sud, comme ont convergé les économies de l'OCDE durant les Trente Glorieuses. Mais ce clivage est aussi conceptuel et engage l'avenir en termes de développement durable.

Ce rééquilibrage économique du monde (financement des déficits des Etats-Unis) et l'affirmation de nouvelles puissances d'un point de vue économique mais aussi géopolitique dessinent les contours d'un monde plus équilibré, plus multipolaire. Un monde où des pays comme le Brésil, l'Inde, la Chine auront une place aux côtés des Etats-Unis, de l'Union européenne, du Japon, voire de la Russie, de telle sorte qu'une description du monde fondée sur cette référence à des points cardinaux Nord(s) et Sud(s), au singulier ou au pluriel, ne sera plus pertinente, comme a disparu la pertinence du clivage Est-Ouest. L'urgence concerne les pays restés en dehors de cette dynamique (l'ONU dénombre 50 PMA actuellement) et pour lesquels le clivage s'est renforcé par rapport à tous les autres pays.

Corrigé proposé par François Martin,
professeur d'histoire, géographie et géopolitique
en classes préparatoires économiques et commerciales aux lycées Chaptal et Carnot, à Paris.

[1] Usines de montage sous-traitantes de sociétés étrangères, apparues dès la fin des années 60 au Mexique, le long du Rio Grande.

[2] Fonds détenus par des Etats qui en décident l'utilisation. Ils résultent d'abondants excédents commerciaux liés à des produits de base (pétrole, ainsi les Emirats arabes unis disposaient en 2007 d'un fonds souverain de 875 milliards de dollars, la Norvège, d'un fonds de 320 milliards de dollars...), à des produits manufacturés (la Chine populaire, avec 200 milliards de dollars) et/ou à des services (Singapour, avec environ 500 milliards de dollars). Ils étaient fin 2007 une quarantaine, surtout dans les pays émergents, gérant environ 3 400 milliards de dollars, d'après Régis Bénichi (dans *Histoire de la mondialisation*, éd. Vuibert, 2008).
[3] Réunissant 19 pays agro-exportateurs, dont l'Australie, l'Argentine, le Chili...

POUR APPROFONDIR

- *Le tiers monde. Croissance, développement, inégalités,* par Bernard Bret, éd. Ellipses, 2006.
- *Histoire de la mondialisation,* par Régis Bénichi, éd. Vuibert, 2008. Notamment les pages 279-308.
- Chaque année, le Programme des Nations unies pour le développement (Pnud) publie un rapport, voir pour 2008 www.undp.org/french/publications/annual report2008/

■ ■ ■

Sujet : Le pétrole et le gaz naturel, richesses et armes à risques (Essec, 2008).

Présentation du sujet

Ce sujet était accompagné de deux documents : une chronologie allant de 1951 à 2007 et une carte sur les différents risques pesant sur l'approvisionnement européen en hydrocarbures (2005).

A priori, le thème, le pétrole et le gaz naturel, est d'actualité et simple, mais la chronologie jointe impose une dimension historique. Et, surtout, les mots « richesses et armes à risques » indiquent aux candidats à travers quelles problématiques la question des hydrocarbures doit être abordée. Il ne s'agit pas de ramener le devoir à une présentation des différents enjeux liés aux hydrocarbures, mais de montrer en quoi et dans quelle mesure ils peuvent être une richesse et une arme et quels risques font peser cette richesse et cette arme sur ceux qui en sont bénéficiaires ou victimes. Car, bien entendu, si une richesse bénéficie surtout à celui qui la possède (au risque d'être mal utilisée), une arme peut être à double tranchant et se retourner contre celui qui s'en sert ou bien provoquer des dégâts collatéraux non souhaités au départ. La notion de risque incite donc à réfléchir sur le bon usage de la richesse et/ou de l'arme que procurent les hydrocarbures.

Les documents sont des guides précieux dans la définition des mots-clés du sujet (richesses et armes) et l'énumération des risques. Conçus comme une aide, ils deviennent essentiels. Ils montrent que les hydrocarbures sont une richesse pour ceux qui les possèdent (rente financière), d'où la volonté des pays producteurs de mieux la contrôler (nationalisations : Iran en 1951, Bolivie en 2006) et le risque de « pétrolarisation » de leurs économies. C'est une richesse également pour ceux qui sont sur les routes des hydrocarbures (canal de Suez ou oléoducs), avec les risques suscités par la convoitise (différents conflits impliquent, entre autres causes, le contrôle des hydrocarbures). C'est aussi une richesse pour ceux qui ont de plus en plus fondé leurs économies sur ces énergies (pays de l'OCDE jusqu'au premier choc), avec des risques de pénurie (rapport Meadows dès 1972), de dépendance à l'égard des producteurs (« chocs » pétroliers, coupures d'oléoducs), mais aussi des risques pour tous, comme les marées noires (très localisées) et les diverses pollutions dont certaines ont un impact mondial (gaz à effet de serre).

Les hydrocarbures sont également une arme, le plus souvent à double tranchant, car si elle atteint celui qui est visé, elle n'épargne pas non plus celui qui s'en sert. Par exemple, l'embargo prive les pays qui l'imposent d'un revenu souvent essentiel et suscite la méfiance des victimes qui diversifient leurs sources d'approvisionnement, diminuent leur consommation et font évoluer leur bilan énergétique pour réduire leur dépendance. A court terme, c'est une arme bénéfique (forte augmentation des revenus), à moyen ou long terme, l'arme se retourne contre ses usagers, c'est le contre-choc pétrolier de 1986 qui voit ces mêmes revenus s'effondrer ou bien l'accélération actuelle de la recherche d'énergies ou d'un mode de vie alternatifs au « tout-pétrole ».

La carte proposée reprend certains aspects de la chronologie (risque d'embargo) en insistant sur le risque d'instabilité politique (terrorisme) dans les pays producteurs qui hypothèque aussi bien les projets d'investissement visant à améliorer les conditions de la production énergétique que les politiques de développement mises en place dans ces pays et la sécurité d'approvisionnement des clients (Nigeria). Elle souligne que les régions d'exportation d'hydrocarbures sont des zones à risques d'un point de vue géopolitique : existence de conflits (Proche-Orient), ou bien pays où l'Etat (Russie) utilise l'exportation d'énergie, à travers de puissantes entreprises nationalisées (Gazprom), comme moyen de pression sur son voisinage.

Les documents suggèrent aussi une différence importante entre le pétrole, marché mondial, et le gaz, marché plus continental à cause des contraintes du transport maritime. Il est donc moins difficile de diminuer un risque de dépendance en pétrole (en achetant plus en Afrique ou en Amérique latine et moins au Proche-Orient) qu'en gaz où, pour le continent eurasiatique, l'ensemble Russie-Kazakhstan-Turkménistan-Ouzbékistan conserve une place centrale.

La réussite du candidat dépend donc d'une bonne analyse des termes du sujet, et les trois derniers comptent autrement plus que les trois premiers. Les connaissances devaient être puisées dans l'ensemble du programme à partir du moment où les hydrocarbures (le pétrole surtout) prennent une telle importance dans l'économie mondiale (les Trente Glorieuses et l'affirmation du tiers monde, module 1), soulignée par les chocs pétroliers et les solutions apportées aux principaux risques liés au marché des hydrocarbures et à l'utilisation de ces produits, c'est-à-dire les risques environnementaux (module 2). En choisissant des exemples dans différentes régions du monde (modules 3 et 4), il ne fallait pas oublier d'évoquer les pays peu consommateurs d'hydrocarbures à cause de leur faible niveau de développement. Pour eux, ces produits ne sont pas une richesse (absence de ressources) et ils sont les victimes de toute hausse des prix.

Corrigé

Certes, posséder et a fortiori exporter du pétrole et du gaz est une richesse en termes d'énergie ou de revenu qui permet de financer le développement et le bien-être de la population. Cela peut être également une arme qui permet d'affirmer son indépendance ou de faire pression sur des partenaires. Mais de nombreux exemples montrent que peu de pays exportateurs d'hydrocarbures se sont réellement développés et que priver un partenaire d'approvisionnement, c'est aussi se priver de ce revenu.

La possession de cette richesse et de cette arme est en fait à double tranchant et agit des deux côtés : il y a un risque qui est partagé sur le coup (fermeture du canal de Suez de 1967 à 1975) ou à terme (chocs pétroliers et contre-choc pétrolier en 1986). Sur les plans économique et géopolitique, les deux parties sont donc très liées. Et elles le sont totalement sur le plan écologique. Car si les conséquences d'une marée noire restent très localisées et éphémères, l'émission de gaz à effet de serre liée à la consommation des hydrocarbures (du pétrole surtout) concerne toute la planète, y compris les pays les plus démunis.

Si les hydrocarbures sont de moins en moins une arme à cause de la mondialisation du marché, ils risquent de ne plus être une richesse avec le risque de pénurie ; reste le risque environnemental, qui concerne aussi bien les exportateurs que les consommateurs.

1. La richesse en hydrocarbures a pu être une arme

A. Cette richesse satisfait un besoin croissant des économies, surtout dans l'OCDE mais pas seulement

▪ Evolution du bilan énergétique mondial. Place des hydrocarbures dans l'agriculture, l'industrie et les transports. Tous les pays du monde ont besoin d'hydrocarbures.

▪ Les Etats-Unis, l'Europe occidentale et le Japon sont les plus gros consommateurs et importateurs, avec des taux de dépendance différents.

▪ Ce qui renforce la position des pays exportateurs et leurs recettes. Ce sont le plus souvent des pays du tiers monde qui trouvent l'opportunité de financer leur développement. Dès la fin des années 40, le Venezuela parvient à augmenter la part de ses *royalties* et, en 1971, les accords de Téhéran consacrent l'affirmation de l'Organisation des pays exportateurs de pétrole (Opep), créée en 1960.

▪ Dès 1972, le rapport du Club de Rome sur les limites de la croissance, le rapport Meadows, alerte sur les risques de pénurie et d'atteinte à l'environnement.

B. Cette richesse est utilisée comme une arme pour le développement

▪ La nationalisation des hydrocarbures (Mexique en 1938, Iran en 1951) ou bien des recettes liées au passage des pétroliers (Egypte, Compagnie financière du canal de Suez, en 1956) donne à certains pays une capacité financière nouvelle. Mais les Etats-Unis boycottent le pétrole mexicain, puis renversent en Iran Mossadegh, tandis que les Britanniques et Français tentent de s'opposer à l'Egyptien Nasser.

▪ Une arme essentiellement au moment des chocs pétroliers, surtout le premier, quand, à travers une menace d'embargo et une forte hausse des prix, les pays de l'Opep (les pays arabes surtout) transforment totalement les conditions du marché contrôlé précédemment par les accords d'Achnacarry (1928). La pénurie menace les pays dépendants, dont toute l'économie est affectée (inflation, transferts financiers, ralentissement de la croissance). A cette époque (dès 1971 en Algérie et en Libye), les exportateurs imposent la nationalisation de leur richesse énergétique.

▪ Le recours à l'arme pétrolière par l'Opep présente un risque plus grand pour l'économie du Japon (la plus dépendante dans l'OCDE) que pour celle de l'Europe occidentale et des Etats-Unis. Mais les pays les moins avancés (PMA), non visés par l'Opep, victimes collatérales, sont les plus touchés.

C. Cette richesse n'est pas forcément synonyme de développement

▪ Cet accroissement brutal de richesse n'a pas entraîné de politique de développement efficace (Algérie). Pire, elle a pu financer des conflits dévastateurs (Irak/Iran en 1980-1988, Irak/Koweït en 1990), avec un risque d'instabilité régionale accru (réaction de minorités islamiques à la présence des soldats des Nations unies en Arabie Saoudite). Elle excite la convoitise et accroît les risques de troubles : Nigeria dès la fin des années 60 (Biafra).

▪ Peu de pays ont utilisé cette richesse pour mettre leur population à l'abri de risques futurs (Norvège) ou en diversifiant leurs revenus (au Koweït, dès le début des années 90, les revenus financiers excèdent les revenus pétroliers).

Financer la production de blé irrigué dans le désert (Arabie Saoudite) ou des installations de tourisme de luxe (Bahreïn récemment) profite peu à l'ensemble de la population. La « mal hollandais » réside plus dans l'incapacité des gouvernements à bien utiliser leurs richesses que dans la richesse elle-même. Les nouveaux pays industrialisés asiatiques sont dans l'ensemble très mal pourvus en hydrocarbures et ont beaucoup mieux réussi.

D. Mais cette arme se retourne contre ses utilisateurs

▪ Les pays menacés réagissent. Si l'Agence internationale de l'énergie acquiert un faible rôle, la diversification géographique des approvisionnements, l'évolution du bilan énergétique et la diminution de la consommation de pétrole dans les pays de l'OCDE et les mésententes au sein de l'Opep provoquent le contre-choc pétrolier de 1986. Les recettes diminuant, les financements divers doivent être revus à la baisse : certains pays sont en grande difficulté dès les années 80 (Mexique, URSS), même l'Arabie Saoudite rééchelonne le paiement de ses achats d'armes dans les années 90.

2. Cette richesse devient moins une arme dans une économie mondialisée

A. L'arme de l'embargo devient impossible

▪ Le marché du pétrole est devenu plus ouvert et mondial : nouveaux exportateurs et diversification géographique des approvisionnements des pays dépendants (mer du Nord, Afrique, Amérique latine), poids dominant des marchés *spots* [1] (rôle des Bourses : New York, Rotterdam, Singapour). Aucun groupe de pays ne peut plus imposer un embargo. Au contraire, les pays exportateurs ont de plus en plus besoin des technologies des grands pays de l'OCDE (sauf le Brésil).

B. Le recours à cette arme devient régional

▪ La Russie et ses voisins européens. En exportant son gaz, le gouvernement russe utilise, à travers de puissantes sociétés (re)nationalisées comme Gazprom, la dépendance énergétique de ses voisins de l'Ouest pour tenter de faire pression afin de freiner leur rapprochement avec l'Union européenne (Ukraine) ou pour affirmer sa capacité de nuisance (Etats baltes). Le marché du gaz étant plus continental que celui du pétrole (le coût de transport par méthanier est autrement plus élevé que par gazoduc), la réponse est difficilement dans la diversification des approvisionnements, elle l'est davantage dans le contournement (projet de gazoduc Nabucco par la Turquie) et la négociation (projets à travers la mer Noire ou la mer Baltique). Il faut noter que la Russie, peu capable d'augmenter sa propre production de gaz, achète peu cher en Asie centrale (Kazakhstan, Turkménistan) du gaz qu'elle revend au prix mondial à l'Ouest.

▪ Un moyen de faire pression sur le gouvernement : rébellions en Colombie ou indépendantistes au Nigeria (présence militaire accrue des Etats-Unis à São Tomé).

▪ Cas du Venezuela : discours enflammés contre les Etats-Unis, qui restent pourtant les principaux acheteurs et pourvoyeurs de technologies. Cas de la Bolivie.

C. Les risques majeurs sont aujourd'hui d'une autre nature

▪ Ils sont liés à la forte hausse du prix des hydrocarbures depuis 2004. C'est le troisième choc pétrolier qui bat tous les records avec des conséquences :

– particulières pour les familles (dépenses de transport, de chauffage domestique) et certaines professions (taxis, pêcheurs) ;

– diverses pour les pays de l'OCDE (évolution des bilans énergétiques), moindres pour la zone euro (faiblesse du dollar) ;

– toujours fortes pour les PMA ;

– parmi les raisons de cette hausse interviennent très localement et temporairement les risques naturels (cyclone Katrina en 2005).

▪ A moyen ou long terme, le risque majeur est la pénurie de cette richesse non renouvelable (le « *peak oil* »). Même si les réserves connues permettent encore quarante ans de consommation, à terme, le tarissement des sources d'hydrocarbures – le pétrole avant le gaz – signifie que ces derniers cesseront d'être une richesse et, encore plus, une arme.

3. Un risque mondialisé : l'environnement

A. La progressive prise de conscience du risque environnemental

▪ Une réflexion globale : le rapport Meadows (1972) ; le rapport Brundtland et sa définition du « développement durable » (1987).

▪ Des accidents ponctuels : marées noires, ruptures de conduites, pollutions sur les sites d'exploitation.

▪ Le réchauffement climatique, largement dû aux émissions de gaz à effet de serre, concerne toute la planète.

B. Ce risque n'est pas enrayé

▪ Le protocole de Kyoto (1997), et son entrée en application (2005). Refus du gouvernement des Etats-Unis de le ratifier (qui tranche avec l'ampleur et la réalité des efforts accomplis dans différents Etats de la fédération). Même refus des pays en voie de développement (Chine en tête), même si certains font des efforts. Et attitude plus volontariste de l'Union européenne, même si ses efforts doivent être amplifiés.

▪ Difficulté à mettre en place des mesures efficaces. L'alternative au pétrole reste problématique dans les transports (route, air) et il y a nécessité de remettre en cause le mode de vie occidental qui ne peut, actuellement, être étendu tel quel à l'ensemble de la planète. Essor de l'écologie marchande.

▪ Insuffisance des mesures prises.

C. Le troisième choc : une chance ?

▪ La hausse des prix et une meilleure prise en compte du risque de pénurie poussent à l'économie et sont une opportunité pour renforcer la lutte contre le risque environnemental qui pèse sur tous les pays, exportateurs comme importateurs.

▪ Certains exportateurs accentuent la diversification de leurs revenus (fonds souverains [2]).

▪ Mais, en attendant, on constate que les grandes zones d'exportation de gaz naturel et de pétrole sont, aujourd'hui, des zones de tension de nature et d'intensité diverses (Russie, Proche-Orient, Nigeria, Soudan, Venezuela…) et dont les risques et les résolutions sont incertains.

Conclusion

Les hydrocarbures ont été une base de la croissance des pays industrialisés et une chance pour certains pays en voie de développement (PVD), c'est dire la richesse qu'ils ont représentée. La dépendance de certains pays vis-à-vis d'eux en a fait une arme aux mains des exportateurs. Mais les PVD qui ont le mieux réussi ne sont pas les exportateurs d'hydrocarbures et les pays de l'OCDE en ont désormais moins besoin (par rapport à leur produit intérieur brut).

L'arme s'est largement émoussée, la richesse s'est relativisée. Reste un double risque : la pénurie et les atteintes à l'environnement qui réunissent tous les protagonistes dans la nécessité de faire évoluer les modes de vie et de trouver une alternative énergétique.

Corrigé proposé par François Martin,
professeur d'histoire, géographie et géopolitique
en classes préparatoires économiques et commerciales aux lycées Chaptal et Carnot, à Paris.

[1] L'expression « marché *spot* » vient de l'expression anglaise *« on the spot »* : le marché du moment, du lieu. C'est en fait un marché libre où joue pleinement la loi de l'offre et de la demande, au jour le jour.
[2] Fonds détenus par des Etats qui en décident l'utilisation. Ils résultent d'abondants excédents commerciaux liés à des produits de base comme le pétrole, à des produits manufacturés et/ou à des services.

POUR APPROFONDIR

- *Les grandes batailles de l'énergie*, par Jean-Marie Chevalier, coll. Folio-Actuel, éd. Gallimard, 2004.
- *Les 100 mots de l'énergie*, par Jean-Marie Chevalier, coll. Que sais-je ?, éd. PUF, 2008.
- *Images économiques du monde. Géopolitique-géoéconomie 2007*, par François Bost, Laurent Carroué, Christian Antoine Girault et Thierry Sanjuan, éd. Armand Colin, 2006. Voir le dossier sur les hydrocarbures (pages 8-39) et les cartes II à VII.
- « Les chiffres de l'économie 2009 », *Alternatives Economiques*, hors-série n° 78, 4e trimestre 2008. Voir pages 80-84.
- « Pétrole, gaz, uranium, cuivre... L'affrontement », *Alternatives Internationales* n° 36, septembre 2007.

■ ■ ■

Sujet : Le rapport de l'Europe au monde au début du XXe siècle et au début du XXIe siècle (Ecricome, 2008, sujet n° 1).

Présentation du sujet

Ce sujet était accompagné de plusieurs documents : des repères chronologiques politiques, technologiques et économiques (pour les périodes 1879-1914, puis 1992-2007), deux tableaux (« Part de l'Europe dans la population et le PNB du monde en 1910 » et « Evolution des dépenses militaires en % du PIB 1989-2001 (comparaison zone euro/autres pays) »), une courbe de l'émigration européenne de 1845 à 1925 et un croquis sur les flux de migrants vers l'espace économique européen en 1998-1999.

L'Europe est étudiée en deuxième année, dans le module 3 du programme, et plus particulièrement dans la partie intitulée « Géopolitique de l'Europe ». Elle est bien sûr aussi étudiée en première année, tant au début du XXe siècle que dans le contexte de la mondialisation du début du XXIe siècle.

Le sujet est clairement un sujet géographique, proposant de réfléchir sur un espace – aux contours à définir – dans ses rapports au reste du monde. C'est aussi un sujet où le préfixe « géo » se justifie pleinement, tant dans l'approche géopolitique que géoéconomique. C'est, enfin, un sujet historique, qui invite à comparer deux périodes précises, à un siècle d'intervalle.

Avant d'analyser les termes, le sens et l'intérêt du sujet, lisons les documents. Les repères chronologiques signalent qu'il faut comprendre les « débuts » de siècle au sens large. Ils indiquent à la fois les grandes alliances (Triple-Alliance, Triple-Entente), la colonisation, la domination économique et l'harmonisation technologique (heure GMT, exposition universelle au début du XXe siècle), puis, à partir de 1992, présentent l'Union européenne, son approfondissement et son élargissement, ses liens avec la Méditerranée et l'Otan. Les tableaux traitent de son poids démographique, économique et militaire. Les deux derniers documents abordent les flux migratoires.

Ces documents manquent de précision sur ce qui est appelé « Europe » ; ils sont centrés sur l'Europe occidentale et le processus d'unification. Mais la Russie y est politiquement très présente au début du siècle (Triple-Entente), lorsque l'« Europe » est divisée en quelques puissances rivales, alors qu'en 2000, elle est devenue clairement une « autre Europe » que celle de l'Union européenne à 15 puis à 27, élargissement qui influe sur le « rapport au monde » du continent.

Ce « rapport au monde » est un terme à la mode. Quelle différence avec une expression classique du type « place de l'Europe dans le monde » ? Le rapport au monde ne se limite pas à des rapports de puissance ou à la place constatée dans une hiérarchie mondiale en fonction de divers rapports de force. Il dessine une identité européenne, qui se définit certes par son histoire, mais plus encore par les valeurs qu'elle affirme défendre, par l'idée qu'elle se fait d'elle-même et des relations internationales que cela engendre. D'une manière implicite, l'idée de rapport au monde s'oppose aux théories standards dites « réalistes » des relations internationales et tend à se placer dans un monde au moins partiellement post-westphalien, où les Etats-nations ne sont plus les seuls maîtres du jeu. Par ailleurs, même si l'on se place d'abord du point de vue de l'Europe, ce rapport au monde dépend également de la vision que le reste du monde a de l'Europe.

Le fait de comparer deux périodes éloignées de cent ans efface toute possibilité de plan chronologique. Il s'agit clairement de comparer ces deux périodes, ce qui demeure et ce qui a changé dans différents domaines : l'identité européenne, les valeurs qu'elle défend, la place de l'Europe ou plutôt des Etats européens dans la hiérarchie des puissances tant du point de vue économique que politique, militaire et culturel. Il faudra aussi réfléchir aux facteurs endogènes et exogènes des mutations : l'Europe a changé, mais le monde aussi, et donc le rapport qu'elle entretient avec lui.

La problématique qui se dégage de cette analyse doit donc tourner autour de la mutation de l'identité et de la représentation du monde européennes et des actions qu'elles engendrent.

Corrigé

Nos représentations du monde de l'Europe coloniale à l'Amérique hégémonique, tel est le sous-titre du livre de Karoline Postel-Vinay *L'Occident et sa bonne parole* (voir « Pour approfondir ») : le rapport au monde est certes une question de rapports de force politiques, militaires, technologiques, économiques, culturels, mais aussi de représentation, de sens donné à l'espace mondial, de *« bonne parole »* imposée au monde dominé sommé de l'intérioriser. Le début du XXe siècle, cette *« première mondialisation »* dont parle Suzanne Berger (voir « Pour approfondir »), est marqué par l'ambition de domination planétaire des puissances européennes rivales, en particulier à travers l'entreprise coloniale. Alors que le début du XXIe siècle voit, dans un monde où *« l'Amérique hégémonique »* cherche à imposer sa vision, une autre Europe - aux frontières redéfinies, n'incluant plus la Russie mais la grande majorité des Etats du continent, devenue une *« province du monde »*, comme la désigne Edgar Morin dans *Penser l'Europe* (voir « Pour approfondir ») - chercher à construire des rapports multilatéraux de coopération autour de valeurs partagées au nom d'un intérêt, d'un bien commun de l'humanité.

Mais cette vision métamorphosée des rapports de l'Europe au monde ne pèche-t-elle pas par angélisme ? Cet angélisme peut être souligné par une continuité dans un rapport au monde d'abord issu de la géopolitique du début du XXe siècle. Cependant, les transformations internes et externes à l'Europe lui ont imposé un autre rapport au monde. Cet autre rapport est une construction lente, difficile, mais qui est une nouvelle chance pour l'Europe.

1. Une certaine continuité dans les rapports de l'Europe au monde

▪ Une unité de la civilisation européenne : une culture largement commune (littérature, musique, peinture), échanges scientifiques (prix Nobel) et technologiques (expositions universelles) qui englobent les pays nés de l'Europe (Etats-Unis). Cette unité se concrétise par des rapports communs au monde, par des actions communes en Chine, au Japon, en Afrique (conférence de Berlin de 1885).

▪ L'idée européenne est présente au début du XXe siècle, lire *Souvenirs d'un Européen*, de Stefan Zweig (voir « Pour approfondir »).

▪ La « bonne parole » européenne n'est pas morte. Le règne de la raison et de la civilisation, transformées en valeurs universelles. La démocratie, les droits de l'homme. L'européanisation du monde est un fait largement entamé au début du XXe siècle, accompli au début du XXIe siècle. Le monde entier cherche à se développer sur le modèle historique de l'Europe.

▪ L'Europe n'est plus hégémonique économiquement, comme au début du XXe siècle, mais elle reste un pôle majeur dans l'innovation, la production de biens et de services, les flux de capitaux, le commerce mondial. Il existe de grande entreprises à vocation mondiale au début du XXe siècle, *idem* au début du XXIe siècle, et parfois ce sont les mêmes ! L'Europe, même divisée au début du XXe siècle, a mis en place à la fin du XIXe des régulations nécessaires à travers les unions publiques internationales, de l'Union télégraphique internationale (1865) à l'Union postale universelle (1874), en passant par la législation sur les brevets (1883). Au début du XXIe siècle, l'Europe est donc toujours très présente dans les institutions régulatrices.

▪ Malgré des fondements partagés, l'Europe est divisée politiquement, religieusement, linguistiquement, etc. C'est clair au début du XXe siècle avec un principe de chacun pour soi présent dans le rapport au monde. Mais même aujourd'hui, les principaux Etats cherchent à préserver leur identité et à garder leur souveraineté dans ce rapport : l'Europe, sur ce plan, reste largement divisée. La France est un exemple caricatural de cette continuité dans « sa » mission civilisatrice, même si les termes qui la qualifient ont changé : défense de la francophonie ; conviction d'avoir un rôle clé au Liban, voire au Moyen-Orient, en Méditerranée ; projet français d'Union de la Méditerranée. Elle fait partie intégrante de la culture de la diplomatie française, à gauche comme à droite.

2. Cependant, les rapports au monde ont changé parce que l'Europe et le monde ont eux-mêmes changé

▪ Début du XXe siècle : quelle Europe ? quel monde ? Notion à questionner dans cet ordre : le monde est alors largement organisé par les puissances européennes. Des puissances qui partagent une même vision dans leur rapport au reste du monde mais qui sont rivales : les rivalités européennes sont alors les rivalités du monde. Partage colonial du monde, ultime aboutissement de l'éphémère traité de Tordesillas (1494).

L'Europe rayonne aussi sur le monde par les migrations massives et les flux de capitaux qui sont très majoritairement européens.

Malgré cela, des signes d'affaiblissement apparaissent déjà : défaites espagnole face aux Etats-Unis en 1898 et russe face au Japon en 1905. Et les rivalités dégénèrent en guerres qui, de 1914 à 1945, portent un coup fatal à l'hégémonie européenne, à son rapport dominateur, à l'image de la civilisation européenne. L'Europe, vue de l'extérieur, imposait sa violence coloniale et contraignait les peuples à intérioriser une supériorité qui, sur le plan économique, était optimale.

▪ Début du XXIe siècle : quel monde ? A partir de 1945, l'hégémonie des Etats-Unis s'affirme : c'est une superpuissance. L'Amérique a un grand poids en Europe, elle est capable d'imposer son propre rapport au monde à une partie de celle-ci. Sur le plan militaire, cela se traduit par la prééminence de l'Otan. Mais on voit également l'émergence de nouveaux géants du Sud, et la remontée en puissance de la Russie...

▪ Début du XXIe siècle : quelle Europe ? Après la Seconde Guerre mondiale, l'Europe a continué un temps à vouloir porter ses bonnes paroles au monde : celle de l'Europe occidentale, qui passe par la décolonisation et la recherche de nouveaux rapports au monde, celle de l'URSS, enfantée par l'Europe en 1917, qui se veut aussi investie d'un message universel, même si c'est en fait pour défendre ses propres intérêts et non pour porter le fer de la révolution partout. L'Europe divisée entre Est et Ouest n'est plus l'Europe d'avant-guerre : c'est une Europe occidentale et orientale, dominée par la fracture Etats-Unis/URSS.

Mais à l'Ouest, de la Communauté économique européenne (CEE) à l'Union européenne, une politique volontariste a pour but de construire d'autres rapports au monde qui passent par un autre rapport à soi-même. L'Europe en construction des Trente Glorieuses n'est plus terre d'émigration mais d'immigration, et bénéficie de l'afflux de capitaux américains dès 1945 et d'investissements directs à l'étranger (IDE) dans les années 60.

Au début du XXIe siècle, l'Europe réunifiée s'identifie largement à l'Union européenne, même si c'est dans une tension entre souveraineté nationale et souveraineté partagée. Et les rapports de l'Europe au monde sont marqués par cette construction et par les rapports qu'elle entretient avec l'autre Europe qu'est devenue la Russie.

3. Au XXIe siècle, construire d'autres rapports

▪ Début du XXe siècle : des rapports géopolitiques de puissances westphaliennes.

▪ De l'Europe westphalienne à l'Union européenne : l'Union européenne, la transposition locale de principes universels. L'intégration sans impérialisme. Le *« softpower »*, *« la norme sans la force »*, selon l'expression de Zaki Laïdi (voir « Pour approfondir »). Le rôle de l'Union européenne dans la démocratisation et le développement des pays d'Europe centrale et orientale (Peco). Dans le monde, le Mercosur (« marché commun de l'Amérique du Sud ») s'appuie sur le modèle de l'Union européenne pour se construire et réduire sa dépendance à l'égard des Etats-Unis.

▪ La transformation de l'Europe induit d'autres rapports au monde : dans l'après-guerre froide, c'est l'Union européenne qui est à l'origine de l'Organisation mondiale du commerce (OMC), du protocole de Kyoto, des deux tribunaux pénaux internationaux (TPI).

▪ Mais l'Union européenne n'apparaît pas nécessairement pour tous comme exemplaire : dans les négociations sur l'agriculture à l'OMC, en particulier.

▪ Et un chemin difficile reste à parcourir, surtout depuis le 11 septembre 2001. Se déterminer par rapport à l'hégémonie américaine (exemple : réactions face à la guerre en Irak, dossier iranien mené par la négociation, défense du multilatéralisme).

Conclusion

Au début du XXe siècle, les puissances européennes se représentaient comme porteuses d'une civilisation commune. Mais aussi et surtout, chacune prétendait imposer au monde le « génie de sa race », le « génie de son peuple ». Ces théories impérialistes et géopolitiques les opposaient et les ont conduites à l'affrontement sanglant d'une guerre qui, née en Europe, ne pouvait qu'être « mondiale ». Au début du XXIe siècle, l'Europe est affaiblie démographiquement et politiquement, dans un monde où les Etats-Unis sont la seule superpuissance et où d'autres puissances colossales émergent. Elle ne peut donc que proposer au monde l'exemplarité de sa construction : la *« norme sans la force »* constituant une véritable puissance, capable de rapprocher des Etats naguère ennemis, un *« softpower »*. Une alternative à la lutte des grandes puissances, à la vision éternelle de la « lutte du bien contre le mal », version moderne de la civilisation contre la barbarie, du « choc des civilisations ». Cette alternative se veut efficace sur le plan économique et social et réaliste pour diffuser l'art du compromis, la volonté de vivre en paix ensemble, dans la reconnaissance de la complémentarité des civilisations, tout en défendant des valeurs universelles. Mais les difficultés de l'Europe pour se consolider et se doter d'une politique extérieure commune en dit long sur le chemin qui reste à parcourir, même si un auteur comme Mark Leonard (voir « Pour approfondir ») explique par le *softpower « pourquoi l'Europe dominera le monde au XXIe siècle »*.

Corrigé proposé par Gérard Vindt,
professeur d'histoire, géographie et géopolitique
en classes préparatoires économiques et commerciales au lycée Carnot, à Paris.

POUR APPROFONDIR

- *Notre première mondialisation. Leçons d'un échec oublié,* par Suzanne Berger, coll. La République des idées, éd. du Seuil, 2003.
- *La norme sans la force. L'énigme de la puissance européenne,* par Zaki Laïdi, éd. Presses de Sciences Po, 2008.
- *Pourquoi l'Europe dominera le XXIe siècle,* par Mark Leonard, éd. Plon, 2006.
- *Penser l'Europe,* par Edgar Morin, coll. Folio-Actuel, éd. Gallimard, 1990.
- *L'Occident et sa bonne parole. Nos représentations du monde de l'Europe coloniale à l'Amérique hégémonique,* par Karoline Postel-Vinay, éd. Flammarion, 2005.
- *Le monde d'hier. Souvenirs d'un Européen,* par Stefan Zweig, éd. LGF/Le Livre de poche, 2000.

■ ■ ■

Sujet : Nourrir 6,5 milliards d'hommes (Ecricome, 2008, sujet n° 2).

Présentation du sujet

Ce sujet était accompagné de plusieurs documents : une carte des principaux acteurs du marché mondial du blé en 2006-2007 ; une courbe titrée « Une production insuffisante » mettant en parallèle, sur la période 1998-2006, production et consommation mondiales de blé ; un tableau sur la pêche et l'aquaculture dans le monde, donnant le tonnage en 2000 et en 2004 ; un texte de Marcel Mazoyer (2003) sur la situation agricole et alimentaire mondiale et ses devenirs possibles qui fait le bilan de la croissance démographique et de celle de la production alimentaire depuis 1950 ; un texte de Bruno Parmentier (2007) intitulé « La pénurie menace-t-elle le monde ? », où l'auteur répond clairement « oui » ; et, enfin, un texte d'Isabelle Delourme (2006) sur les subventions agricoles et l'Organisation mondiale du commerce (OMC), soulevant la question des subventions européennes à l'agriculture.

Par ailleurs, il était demandé de réaliser une carte sur le thème de la « Géopolitique de la question alimentaire dans le monde d'aujourd'hui ».

« La mondialisation : genèse, acteurs, enjeux », tel est le titre du deuxième module de première année. La question de l'alimentation est un enjeu de la mondialisation, dont il faut analyser la genèse et mettre en évidence les acteurs : un enjeu à historiciser, lié à la production alimentaire, à la démographie, aux échanges, aux transports, à la formation des prix, inclus dans la question du développement du tiers monde traitée dans le premier module et, surtout, dans le deuxième module de première année (plus spécifiquement dans « Enjeux énergétiques et alimentaires, sécurités quantitative et sanitaire »). Les candidats doivent aussi, bien entendu, s'appuyer sur l'étude des géodynamiques continentales de deuxième année pour approfondir la question. Ils doivent également puiser dans l'actualité : les étudiants lisant régulièrement des articles et des dossiers dans de bonnes sources, que ce soit sous forme papier ou numérique, seront avantagés.

Pour bref qu'il soit, le libellé du sujet doit être attentivement analysé. Nourrir les hommes est un impératif moral et sociopolitique. L'expression sonne comme une interpellation : il s'agit d'un problème majeur, tous les hommes ne sont pas bien nourris. Les premiers interpellés sont évidemment les responsables politiques et économiques. Mais cet impératif impose des choix de société complexes, et à ce titre, « nourrir les hommes » interpelle aussi tous les hommes, comme citoyens, consommateurs, producteurs, ainsi que les institutions (nationales et internationales, firmes transnationales de l'agroalimentaire, coopératives, organisations non gouvernementales [ONG]).

« Nourrir » : permettre à chacun de ne pas subir de carences alimentaires, mais aussi d'avoir une nourriture saine et équilibrée. Bref, d'échapper à la malnutrition sous toutes ses formes. La question ne se pose pas uniquement en termes de calories par habitant. Le mode d'alimentation occidental, qui a tendance à s'imposer au reste de la planète, est-ce cela « nourrir » ? Ou bien faut-il mettre l'accent sur la diversité préexistante ?

En choisissant le chiffre de 6,5 milliards d'hommes, c'est-à-dire la population mondiale estimée actuellement, le jury demande au candidat de traiter un sujet d'actualité. Mais pour le comprendre, il faut un peu de recul historique, car les problèmes d'aujourd'hui ne sont pas conjoncturels. Et les décisions à prendre engagent le monde pour un temps, car d'ici quarante ans, les personnes à « nourrir » ne seront pas au nombre de 6,5 milliards, mais de 9 milliards. La question s'inscrit dans une dynamique démographique, à analyser aussi dans sa dimension spatiale.

Ce libellé invite le candidat à aborder la question alimentaire au niveau mondial. Ce qui n'écarte pas des solutions locales, mais celles-ci demandent aussi des régulations à un niveau national, régional et mondial. D'autant plus que la question est au cœur des problématiques de développement, et aujourd'hui de développement durable.

Les documents appuient cette analyse. Ils soulignent l'importance des échanges dans l'alimentation, l'insuffisance de l'offre par rapport à une demande croissante et les inégalités que cela accentue, avec une profondeur historique d'un demi-siècle. Ils invitent à prolonger par une problématique simple le libellé du sujet lui-même : est-il possible de nourrir 6,5 milliards d'êtres humains dans le contexte du début du XXIe siècle ?

Corrigé

Les « émeutes de la faim » qui ont secoué en avril 2008 une quinzaine de pays du Sud, en Afrique, en Asie et à Haïti, ont brutalement révélé l'ampleur du problème. Déclenchées par la hausse des prix des produits de base, elles soulignent les déséquilibres entre l'offre et la demande au niveau local, régional et mondial. Elles montrent que le problème de l'alimentation des hommes ne se pose pas seulement à l'horizon 2050, pour 9 milliards d'habitants, mais dès aujourd'hui.

Nourrir dès aujourd'hui 6,5 milliards d'hommes - car telle est la population mondiale estimée par l'Organisation des Nations unies (ONU) en 2007 -, c'est éradiquer non seulement les risques de famines qui mènent à la mort, mais aussi la malnutrition qui entraîne de multiples carences pour un quart de la population de la planète. Nourrir les hommes est un impératif moral, social, politique qui s'impose à tous, et d'abord aux responsables économiques et politiques. Et ceci à l'échelle du monde. Car dans une agriculture mondialisée, telle que la décrit le géographe Jean-Paul Charvet (voir « Pour approfondir »), la question se pose à l'échelle de la planète, y compris pour trouver des réponses locales.

Certes, cette question de l'alimentation des hommes est une constante de l'histoire de l'humanité. Dès la fin du XVIIIe siècle, dans son *Essai sur le principe de population*, Malthus la posait fortement en comparant croissance démographique et croissance économique. Et plus près de nous, le fameux article d'Alfred Sauvy paru le 14 août 1952 dans *L'Observateur* la posait aussi, réclamant une autre politique de l'Ouest et de l'Est par rapport au *« tiers monde »*.

Mais aujourd'hui, la question se pose dans un contexte nouveau, que ce soit du point de vue démographique, géopolitique, géoéconomique et environnemental. Les solutions adoptées jusqu'alors semblent atteindre leurs limites et, pour nourrir 6,5 milliards d'hommes et demain 9 milliards, de nouvelles solutions doivent être trouvées et rapidement mises en place.

La situation actuelle l'impose comme une nécessité ; à l'échelle mondiale, il faut reconsidérer les relations économiques internationales dont l'agriculture mondialisée fait partie ; mais il faut aussi se poser la question, au regard des impératifs de développement, et d'un développement qui soit durable, de la pérennité de l'agriculture productiviste et de la mise en place d'agricultures alternatives.

1. Nourrir 6,5 milliards d'hommes aujourd'hui : l'humanité au pied du mur

▪ Des tensions sur l'offre :

– 1,3 milliard d'agriculteurs(trices), dont 1 milliard non mécanisés ni tractés qui ont une très faible productivité.

– Baisse des stocks : la production des principales céréales pour la nourriture des hommes (blé, riz, maïs) semble croître insuffisamment vite.

– Dans les pays producteurs, les taux d'exportation sont relativement faibles : 17,2 % de la production mondiale de blé, 12,5 % de celle de maïs, 7 % de celle de riz sont exportés

Géopolitique de la question alimentaire dans

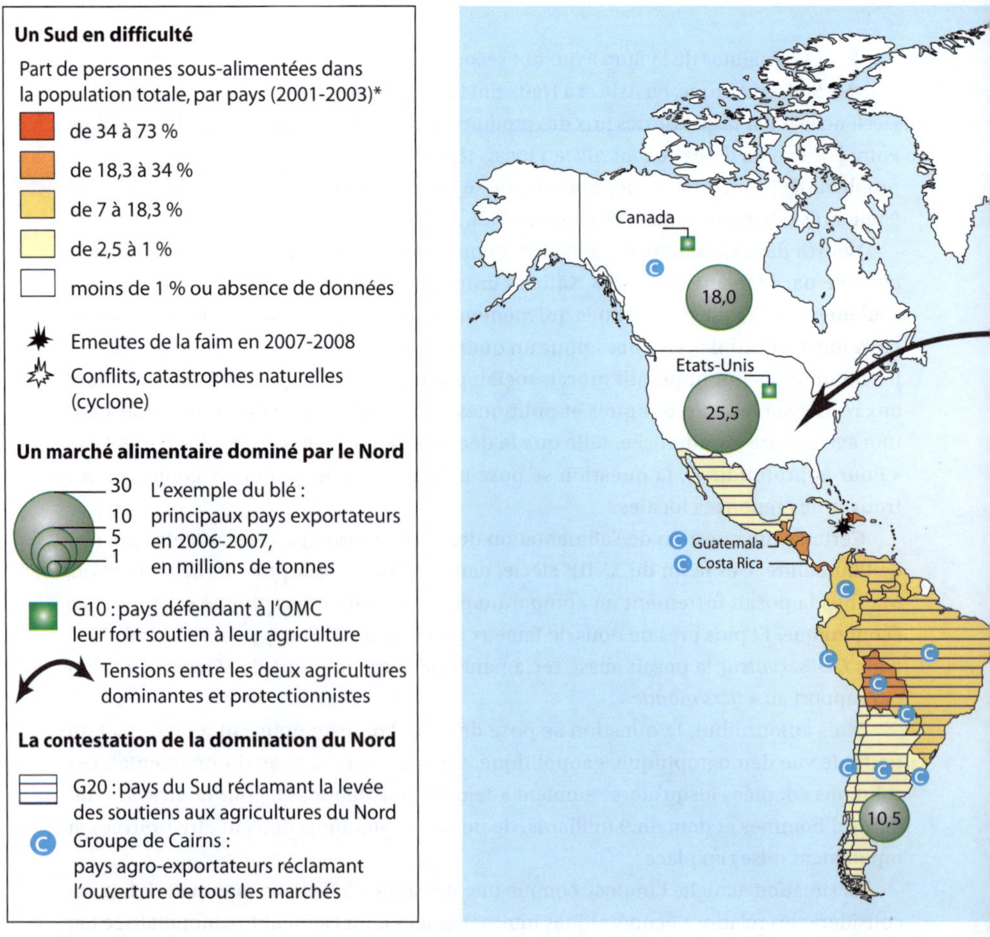

* On ne peut exiger des candidats cette précision dans la répartition de la sous-alimentation. Mais ils doivent pouvoir identifier les trois grandes régions du Sud où la malnutrition est prégnante à divers degrés.

par un petit nombre de pays. Pour le blé, on constate cependant une amélioration avec la remontée en puissance de l'ex-URSS : Russie, Ukraine, Biélorussie, Asie centrale. Mais il a suffi d'un accident (sécheresse en 2005-2006 en Australie, deuxième exportateur mondial) pour que les stocks fondent.

- Insuffisance de l'offre locale ou régionale : beaucoup de pays sont dépendants d'importations, et souvent d'importations lointaines.

- Epuisement des ressources halieutiques (exemple de la pêche côtière au Sénégal, du thon rouge en Méditerranée).

- Concurrence croissante de la nourriture animale (un tiers des céréales produites dans le monde) et des plantes industrielles (textiles).

- Concurrence historique de cultures d'exportation anciennes (café, cacao, etc.) ou plus récentes (légumes au Burkina Faso ou au Kenya, perche du Nil dans le lac Victoria).

onde d'aujourd'hui : la contestation du clivage Nord-Sud

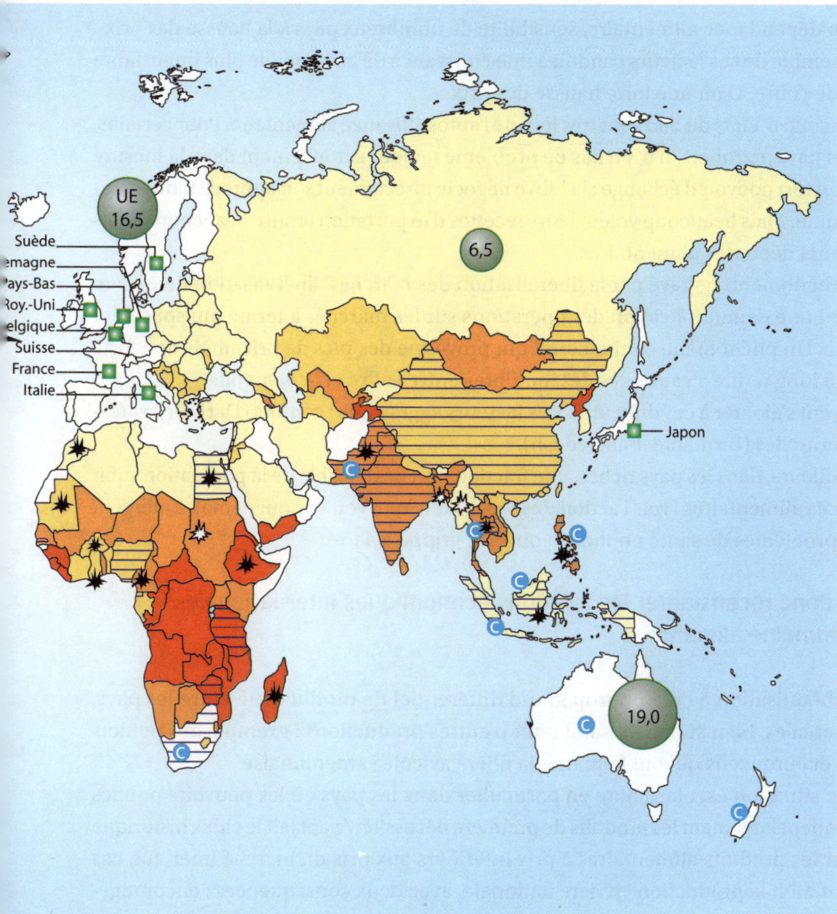

- Dégradation des sols (Amérique latine, Afrique) et des écosystèmes.

- Enfin, récemment, une nouvelle source de tension est apparue : la concurrence des agrocarburants et la perspective de leur développement (surtout du maïs aux Etats-Unis, qui a pesé sur les cours de cette céréale au Mexique).

▪ Des tensions sur la demande :

- Une croissance démographique ralentie mais bien réelle et très fortement ressentie dans certains pays (exemple de l'Egypte qui, peuplée de 26 millions d'habitants au temps de Nasser, dépasse aujourd'hui les 75 millions). Ce n'est pas faire preuve de malthusianisme que de le rappeler.

- Hausse de la population urbaine (50 % de la population mondiale), non productrice de produits alimentaires et souvent influencée dans sa consommation par le modèle occidental.

- Le développement et la croissance des classes moyennes dans certains pays, en particulier la Chine, engendrent une demande accrue de produits carnés et laitiers : d'où plus de céréales dédiées à l'alimentation animale (d'abord porcs et volailles nourris aux grains).

▪ Forte dépendance alimentaire, sensibilité de nombreux pays à la hausse des prix :

- L'ensemble de ces facteurs conduit à une croissance de la demande plus importante que celle de l'offre. D'où une forte hausse des prix.

- Beaucoup d'Etats du Sud sont très loin de l'autosuffisance alimentaire. Pour certains, comme les pays pétroliers, il n'y a pas de problème majeur actuellement dans la mesure où ils ont un fort pouvoir d'échange : la Libye négocie directement son approvisionnement avec l'Ukraine. Mais beaucoup voient leurs recettes d'exportation croître beaucoup moins vite que leurs dépenses alimentaires.

- Un phénomène aggravé par la libéralisation des marchés, libéralisation financière engendrant une démultiplication des opérations sur les marchés à terme qui spéculent à la hausse. Un phénomène conjoncturel qui provoque des pics de prix, mais une forte tendance à long terme à cause des déséquilibres entre l'offre et la demande.

▪ Peuvent s'ajouter à ces difficultés des facteurs aggravants : conflits (Darfour), catastrophes naturelles (Birmanie, Bangladesh).

▪ Par ailleurs, dans les pays riches, une fraction non négligeable de la population subit des carences alimentaires (voir l'action des Restos du cœur) ou se nourrit mal. Emergent aussi des problèmes de santé publique : obésité, grippe aviaire...

2. Il faut donc reconsidérer les relations économiques internationales dans le domaine alimentaire

▪ La libéralisation a créé un trop grand différentiel de productivité entre les pays. Pour les céréales, bien sûr, mais aussi pour d'autres productions : exemple des poulets brésiliens et européens qui ont failli tuer la filière avicole camerounaise.

▪ Cette situation est alarmante en particulier dans les pays où les pouvoirs publics subventionnent largement les produits de première nécessité. Ayant fait le choix historique d'importer les produits alimentaires à prix inférieurs aux prix du marché intérieur, ces Etats ont affaibli la production vivrière nationale, avec deux conséquences : encouragement à l'agriculture d'exportation (tant que le prix du cacao, du coton, du café, etc. est rémunérateur) ; encouragement à l'exode rural vers les villes où s'accumule une « plèbe » urbaine « dangereuse » et où s'accroît la grande pauvreté. Quand les prix montent, les subventions sont nécessaires pour maintenir les prix bas. Quand ce n'est plus possible (hausse des prix trop forte, endettement excessif), la fin des subventions entraîne des émeutes urbaines et une disette rurale.

▪ Les politiques agricoles protectionnistes des pays riches sont également à revoir : les tarifs douaniers et les subventions à l'exportation directes ou indirectes. Un modèle peu suivi dans les Suds (contre-exemple de l'Inde), souvent contraints par les politiques d'ajustement structurel à ouvrir leurs frontières. D'où la concurrence directe entre des agricultures à niveau de productivité très différent.

▪ Revoir aussi l'héritage des cultures de rente, du développement axé sur l'industrie et les échanges, et non sur l'agriculture qui se trouve par conséquent négligée. Celle-ci n'est pas considérée comme un préalable : voir René Dumont ou Paul Bairoch, notamment, de ce dernier, *Le tiers monde dans l'impasse* (voir « Pour approfondir »). Comme les prix des cultures de rente ont chuté, en particulier face à la concurrence asiatique et sud-américaine (exemple du café, du riz pour l'Afrique), le pouvoir d'achat est amoindri.

▪ Les marchés restent en outre dominés par les Nords et leurs firmes transnationales qui maîtrisent les filières : on connaît les « majors » du pétrole, moins celles du transport et de la transformation du blé ou du café. Ceci est également vrai pour les semenciers, les chimistes du secteur phytosanitaire, etc.

▪ Les réponses sont à rechercher dans les régulations des marchés (garanties de prix, d'approvisionnement, des transports). La Thaïlande, premier exportateur mondial de riz, tente ainsi de constituer un cartel de pays exportateurs.

▪ Les réponses sont aussi à rechercher dans plus d'autosuffisance alimentaire, nationale ou régionale.

▪ Des réponses aussi dans une aide internationale qui valoriserait l'agriculture locale, alors qu'une toute petite partie de l'aide publique au développement va aujourd'hui à l'agriculture (4 % selon la Banque mondiale, qui rappelle que 75 % des pauvres vivent en milieu rural).

▪ A la marge, le commerce équitable, qui représente par exemple 2 % du café mondial. Mais celui-ci montre davantage les possibles qu'il n'est une alternative globale.

3. Quelle agriculture ?

▪ La solution productiviste classique propose d'accroître les surfaces : c'est possible, certains auteurs affirment qu'on peut les augmenter de 50 % (Marcel Mazoyer), d'autres sont plus prudents (Jean-Paul Charvet). On peut aussi accroître les rendements du milliard de paysans pratiquant une agriculture non motorisée. Et promouvoir une agriculture « raisonnée », n'utilisant que l'optimum d'intrants [1].

▪ L'expérience de la révolution verte [2] permet de voir les atouts et les limites de l'agriculture productiviste (dont l'autre grand modèle, au Nord, est... la politique agricole commune européenne !). En Asie, cette révolution a permis de répondre au défi démographique. L'innovation (semences beaucoup plus productives, utilisation d'intrants, irrigation) suppose cependant un fort encadrement des producteurs, en amont (crédit bon marché, subventions, formation) et en aval (prix garantis aux producteurs, subventions aux consommateurs). L'agriculture productiviste suppose l'existence d'un Etat solide, un minimum de moyens et des soutiens internationaux.

Mais elle a des effets pervers. D'abord, le creusement des inégalités entre les paysans qui réussissent et les autres. Ensuite, l'agriculture productiviste encourage la monoculture, une forte dépendance vis-à-vis des firmes transnationales semencières et fournisseurs d'intrants. Enfin, et surtout, elle implique une forte consommation d'eau, d'énergie, des ressources du sol, ce qui pose actuellement des problèmes écologiques majeurs.

▪ De nouveaux produits « miracles » ?

– Les organismes génétiquement modifiés (OGM) sont très controversés. Au-delà de la question de la biodiversité et de la contamination d'autres cultures, leur usage a les mêmes défauts que celui des semences à haut rendement de la révolution verte. De plus, leur développement est destiné aux cultures pour l'alimentation animale (maïs, soja), directement concurrentes des cultures vivrières. Ils procèdent de la confiance libérale dans l'innovation et s'inscrivent dans des marchés dominés par de grandes firmes, comme Monsanto.

– L'aquaculture comme alternative à l'épuisement des ressources halieutiques est une autre innovation majeure. Il s'agit ici, en quelque sorte, de remplacer la chasse par la cueillette. Mais l'efficacité écologique de cette innovation dépend de la consommation des élevages du point de vue alimentaire et énergétique.

▪ Des agricultures plus innovantes répondant aux exigences du développement durable. L'International Assessment of Agricultural Science and Technology for Development (IAASTD), dans son rapport rendu à Johannesburg en avril 2008, préconise un certain nombre de pistes, dont une marge forte de progrès dans la productivité par la petite mécanisation et une réforme foncière en faveur de l'agriculture familiale et non de la grosse exploitation. Autres pistes : la gestion de l'eau, l'irrigation économe en eau ; la gestion des rapports forêts-cultures-élevage ; l'agroécologie, qui propose le mariage de savoirs locaux et de technologies écologiques modernes de fertilisation des sols. A noter, encore, l'orientation de l'aide publique vers l'agriculture et l'encouragement de l'autosuffisance alimentaire.

▪ Allant dans le même sens, certains préconisent la revalorisation de l'alimentation traditionnelle contre le modèle occidental fondé sur les sucres, les grandes céréales et les viandes.

▪ Ne pas oublier le rôle important de la société civile, en particulier dans les pays gros consommateurs, qui peut favoriser l'agriculture biologique, le commerce équitable et faire pression sur les pouvoirs publics dans les régimes démocratiques.

Conclusion

Nourrir 6,5 milliards d'hommes, demain 9 milliards, est certainement le premier défi pour la communauté internationale en ce début du XXIe siècle. Le modèle productiviste actuel, s'il a permis d'éviter une catastrophe mondiale face à la montée démographique, montre ses limites : il est incompatible avec les exigences du développement durable et près d'un milliard d'hommes souffrent de la faim aujourd'hui. Relever ce défi suppose donc une remise en cause des relations économiques internationales dans le domaine alimentaire et de trouver d'autres voies de développement permettant d'augmenter la production en quantité et en qualité tout en respectant les équilibres des écosystèmes et en économisant l'énergie. Des pistes existent, multiples, proposées en particulier par 400 experts réunis par l'ONU. Face à l'urgence, l'Europe, grande productrice et exportatrice de produits alimentaires, qui se veut souvent exemplaire, doit transformer son approche des problèmes agricoles pour jouer un rôle moteur. Première puissance agricole européenne, la France est donc particulièrement concernée.

Corrigé proposé par Gérard Vindt,
professeur d'histoire, géographie et géopolitique
en classes préparatoires commerciales au lycée Carnot, à Paris.

[1] Eléments entrant dans la production agricole, engrais et produits phytosanitaires (pesticides, insecticides) pulvérisés pour traiter les cultures ou incorporés aux sols pour améliorer les rendements.
[2] Terme inventé (par référence à la révolution industrielle) pour désigner la mise au point et la généralisation de céréales (riz) à haut rendement au début des années 80 en Inde, puis dans d'autres pays de l'Est asiatique ainsi qu'au Mexique (maïs).

POUR APPROFONDIR

- *Essai sur le principe de population* (1798), par Thomas Robert Malthus, coll. GF, éd. Flammarion, 1992.
- *Le tiers monde dans l'impasse,* par Paul Bairoch, coll. Folio, éd. Gallimard, 1992.
- *Nourrir les hommes,* Jean-Paul Charvet (dir.), éd. Sedes, 2008.
- « L'agriculture mondialisée », par Jean-Paul Charvet, *La documentation photographique,* dossier n° 8059, sept.-oct. 2007, éd. La Documentation française.
- *Histoire des agricultures du monde,* par Marcel Mazoyer et Laurence Roudart, coll. Points histoire, éd. du Seuil, 2002.
- *La fracture agricole et alimentaire mondiale. Nourrir l'humanité aujourd'hui et demain,* par Marcel Mazoyer, coll. Le tour du sujet, éd. Universalis, 2006.

■ ■ ■

Option technologique

Economie

Le programme d'économie des classes préparatoires économiques et commerciales, option technologique, a changé. Les concours de la session 2009 porteront pour la première fois sur ce nouveau programme [1].

Entré en vigueur à la rentrée 2007, il s'accompagne d'une nouvelle définition des épreuves. C'est dire si les changements sont profonds. Pour vous aider à comprendre les attentes des jurys par rapport à ce programme, nous vous proposons dans ce chapitre des « sujets zéros » conçus dans l'esprit de vos futures épreuves de concours.

Les objectifs du nouveau programme d'économie

Le nouveau programme d'économie est conçu en quatre modules constituant un tout cohérent, sans séparation impérative entre les deux années de formation. On ne peut déduire que les deux premiers modules constituent le programme de la première année et les deux derniers, celui de la seconde année. Concrètement, les professeurs sont libres d'agencer les connaissances requises en fonction de leurs propres choix pédagogiques. Mais l'objectif poursuivi est toujours le même : vous doter d'une solide culture économique. En simplifiant, on peut dire que la finalité de cet enseignement est de vous rendre capable de repérer et formuler des arguments étayés par des références précises, de les hiérarchiser, de les mettre en perspective de façon critique pour formuler un avis éclairé. Les nouvelles épreuves sont conçues dans cet esprit.

Les nouvelles définitions des épreuves

Si les quatre modules du programme d'économie constituent le socle notionnel des concours, les écoles de commerce et de management définissent les modalités des nouvelles épreuves d'admission. Donc, au-delà de la maîtrise des connaissances, votre

Les modalités de l'épreuve d'économie et droit selon les banques de sujets

Ecoles conceptrices des sujets	Modalités de l'épreuve d'économie	Modalités de l'épreuve de droit (à titre indicatif)
Essec	Epreuve de 2 h 30 **1. Synthèse de documents** (60 % de la note). **2. Réflexion argumentée** en lien ou non avec la documentation (40 % de la note).	Epreuve de 1 h 30 1. Cas pratique, cas d'entreprise, consultation juridique ou autre. 2. Rendre compte de sa veille juridique (démarches et résultats).
Ecricome	Epreuve de 1 h 30 **1. Questionnement synthétique** : QCM et vrai-faux (40 % de la note). **2. Réflexion argumentée** (60 % de la note).	Epreuve de 2 h 30 1. Résolution d'un cas pratique. 2. Analyse d'un arrêt (arrêt de la Cour de cassation) ou analyse d'un contrat. 3. Question d'actualité juridique.
ESC Troyes	Epreuve de 2 h 30 **Synthèse de documents**	Epreuve de 1 h 30 1. Cas pratique. 2. Argumentation ordonnée relative à l'activité de veille juridique.

réussite dépend de votre imprégnation de l'esprit des nouvelles épreuves. L'épreuve d'économie innove sur deux points principaux. La première nouveauté découle de son couplage avec le droit pour une épreuve unique d'une durée de 4 heures (voir tableau ci-contre). Alors qu'auparavant, l'épreuve de droit était couplée avec celle de techniques quantitatives de gestion, votre épreuve d'économie et droit est conçue en deux parties indépendantes qui donneront lieu à une note unique, déterminée à parité par l'économie et le droit. La seconde nouveauté réside quant à elle dans le fait que les écoles de commerce et de management conceptrices de sujets ont fait le choix de substituer à l'épreuve de dissertation, avec ou sans documents, trois types d'exercices : synthèse de documents, réflexion argumentée, questionnement synthétique (questionnaire à choix multiples [QCM] et vrai-faux).

A NOUVELLES ÉPREUVES, NOUVELLES MÉTHODOLOGIES

La méthodologie de la synthèse de documents

La note de synthèse vise à rendre compte d'un ensemble de documents de façon concise, claire, exacte et structurée afin que le lecteur puisse se faire rapidement un avis sans avoir besoin de prendre connaissance lui-même des documents. Dans cet esprit, le texte produit doit être concis, autour de 500 mots. Toutefois, réaliser un comptage strict risque de vous faire perdre du temps pour une épreuve déjà longue. Pour vérifier que vous ne sortez pas du volume autorisé, nous vous conseillons de vous forger un modèle de 500 à 550 mots environ avec votre écriture. Elle vous servira de repère.

La note de synthèse n'est ni un résumé ni une dissertation :

- ce n'est pas un résumé car la note de synthèse n'est pas une juxtaposition des résumés des différents documents ;
- ce n'est pas une dissertation car les idées exposées sont exclusivement celles des documents et qu'il ne s'agit pas ici de chercher à convaincre.

La note de synthèse évalue des aptitudes spécifiques :

- la capacité à comprendre les documents fournis, à dégager leur cohérence pour en restituer l'essentiel sans paraphrase ;
- la capacité à dégager les arguments des documents sans en utiliser d'autres ;
- la neutralité et l'objectivité, car le « je » est à proscrire et il est exclu de prendre parti ;
- la qualité de l'expression écrite et de la présentation formelle.

Réussir une bonne synthèse suppose :

- de solides connaissances des raisonnements et des théories économiques qui permettront une compréhension rapide des thèmes et arguments ;
- une parfaite maîtrise du vocabulaire économique qui permettra de retranscrire avec justesse les idées ;
- l'application d'une démarche rigoureuse d'exploitation des documents.

Votre réussite dépend pour une bonne part de la qualité du travail préparatoire. Deux démarches sont possibles, la démarche des « répertoires d'idées » et celle de l'analyse des documents.

▪ **La démarche des « répertoires d'idées »** consiste à lire une première fois les textes pour identifier le problème central étudié et repérer les « répertoires d'idées » (« grandes catégories d'idées ») qui seront la base de votre plan. L'entraînement permet assez rapidement de s'apercevoir que certaines catégories reviennent fréquemment, par exemple, les problèmes, les facteurs explicatifs, les solutions, les obstacles à leur mise en œuvre, etc. Mais attention de ne pas tomber dans le stéréotype. La seconde lecture est plus approfondie, mais elle est guidée par les « répertoires d'idées ». Vous créez autant de feuilles de brouillon que de « répertoires d'idées », et au fur et à mesure de la lecture, vous notez les idées formulées dans chaque répertoire.

Les avantages de cette démarche sont nombreux :

- elle est probablement la seule adaptée dès lors que le nombre de textes est supérieur à 5 ou 6, car, généralement, le nombre de répertoires d'idées n'en excède pas 4 ;
- elle permet d'éviter les doublons (même idée exprimée dans deux textes) ;
- elle est le garant de la neutralité et de l'objectivité du recensement des idées ;
- elle est un bon garde-fou à la paraphrase, car elle suppose une reformulation des idées recensées ;
- elle prépare la construction du plan détaillé de la synthèse ;
- elle facilite la phase de rédaction puisque toutes les idées sont disponibles et classées selon un ordre cohérent.

Toutefois, sa mise en œuvre n'est pas toujours facile et requiert une bonne culture générale économique, un esprit déductif et de l'entraînement. La principale difficulté réside dans le repérage des bons répertoires d'idées. Très souvent, la seconde lecture conduit à des ajustements sensibles.

▪ **La démarche de l'analyse par document** consiste à lire les documents de façon approfondie afin de recenser les idées document par document. Il convient de créer une feuille de brouillon par document ou de partager une feuille en autant de colonnes que de documents. Cette première phase de recensement des idées doit ensuite être complétée par une seconde qui vise à regrouper ces idées selon leur nature afin de construire son plan autour du problème central.

Les avantages de cette méthode sont importants :

- tout d'abord, elle a le mérite d'être rassurante ;
- elle est plus abordable si vous rencontrez des difficultés à appliquer la méthode plus conceptuelle des répertoires d'idées.

Si elle apparaît plus accessible, elle présente cependant aussi des inconvénients :

- le recensement des idées est systématique et aboutit à une prise de notes abondante qui prend du temps ;
- le recensement des idées dans un tableau par document est effectué sans plan préconçu, par conséquent, il est difficile de hiérarchiser les idées ;
- le problème de la conception d'un plan cohérent a finalement été repoussé, mais il reste entier.

A l'issue de ce travail préparatoire, votre synthèse rédigée doit comporter :

- une courte introduction qui comprend une phrase d'accroche significative tirée des documents, un questionnement problématique transversal au thème et l'annonce d'un plan ;
- un développement qui suit un plan cohérent et progressif. Il est organisé à cette fin en deux ou trois parties au maximum structurées en sous-parties ;

– une courte conclusion qui reprend les idées essentielles et répond à la problématique formulée en introduction.

Souvenez-vous d'une chose, on ne perd jamais son temps à réaliser un bon travail de préparation !

La méthodologie de la réflexion argumentée

L'objectif principal de cet exercice est de vérifier l'aptitude à structurer une courte réflexion étayée d'arguments précis.

▪ Etre concis

L'exigence de concision s'impose compte tenu du temps réduit imparti à cette partie de l'épreuve d'économie. Cette exigence en entraîne deux autres :

– Produire des textes courts au contenu dynamique. Car pour des raisons matérielles évidentes, il n'est pas question de produire un texte long de 6 ou 8 pages. Pourtant, il n'existe pas de règles impératives en ce domaine. Disons que deux pages paraissent un maximum. Car, ce qui compte avant tout, c'est la rigueur de la structure, le dynamisme de l'exposé et, enfin, la qualité des arguments.

– Respecter certaines règles de forme. Car le fait que le texte produit soit relativement court nécessite qu'il soit très lisible et bien présenté. Le correcteur pardonnera difficilement qu'un texte court soit truffé de fautes d'orthographe ou d'incorrections grammaticales. La ponctuation doit être bien marquée. On évitera les phrases trop longues ponctuées de nombreux « que » ou « qui ». Enfin, l'expression d'une pensée claire suppose la maîtrise et l'emploi du mot juste.

▪ Structurer sa réflexion autour d'arguments précis

Satisfaire à cette condition suppose de bien analyser la question posée, de construire son plan autour de deux ou trois idées principales et de recenser les arguments essentiels.

– Comprendre les attentes du sujet en procédant à une analyse précise de ce dernier. La pire erreur consiste à mal le lire et à mal l'interpréter. Dans ce cas, deux dangers vous guettent : le développement hors sujet en tout ou partie ou le développement trop restrictif. Pour éviter ces deux écueils, vous devez apporter une grande attention aux sens des mots-clés du libellé du sujet pour cerner les éléments de la controverse théorique sous-jacente.

– Concevoir le plan de sa réflexion et recenser les arguments. Compte tenu du temps imparti, mais aussi de la concision requise, vous avez intérêt à opter pour des plans simples du type : causes/conséquences ; facteurs explicatifs/solutions envisagées ; « Oui car »/« Mais car », etc. Mais quel que soit le plan choisi, dites-vous bien que ce qui est déterminant, c'est votre adaptation à la question posée et le caractère dynamique de la réponse proposée. Le plan conçu est annoncé, suivi et apparent. Vous devez donc prendre un grand soin à guider le lecteur. Comment procéder ? Tout d'abord, en l'avertissant dès l'introduction des grandes idées qui seront abordées, puis en le prévenant du passage d'une idée à l'autre par un saut de ligne, par l'usage de locutions ou encore d'une numérotation discrète. Il convient, enfin, de recenser avec précision les arguments utilisés au service des grandes idées présentées [2]. En d'autres termes, il n'est pas question ici de sentiment ou d'opinion, mais de raisonnements construits sur la base des enseignements de la théorie économique et de l'observation des faits.

– Rédiger une courte introduction dont la fonction est de capter l'attention du lecteur. Les premiers mots doivent donc être bien choisis et soigneusement pesés. Il importe de situer le sujet dans les débats économiques et sociaux contemporains, parmi les grandes controverses économiques théoriques, et de choisir un fait, un chiffre particulièrement marquants. L'introduction présente les grandes idées au cœur du débat soulevé par la question posée et annonce la structure du plan suivi.

Le questionnement synthétique sur les contenus du programme

Introduit dans la banque d'épreuves Ecricome, ce type de questionnement peut prendre la forme d'un QCM ou d'un vrai-faux. Dans son principe, ce type d'exercice vous demande de choisir parmi plusieurs réponses possibles sans avoir à justifier votre choix. Il doit être réalisé en un temps très limité, mais sans confondre vitesse et précipitation.

La réussite de ce type d'exercice suppose donc, d'une part, une bonne mémorisation des éléments du cours (auteurs, bases conceptuelles et modèles explicatifs des faits économiques) et, d'autre part, une attention portée à la formulation du questionnement car il en existe une grande diversité. Certaines questions appellent une seule réponse, d'autres deux ou plusieurs. Il convient donc d'être attentif à la formulation. Dans d'autres cas, il est demandé de déterminer si une affirmation est vraie ou fausse ou bien de désigner, parmi plusieurs affirmations, celles qui sont justes ou celles qui sont fausses.

DES « SUJETS ZÉROS » CONFORMES AUX NOUVELLES ÉPREUVES

Satisfaire aux exigences des nouvelles épreuves nécessite le respect des règles de méthode, un entraînement intensif avec l'aide de vos professeurs et de vous inspirer de sujets conçus dans l'esprit de ces nouvelles épreuves. Les « sujets zéros » que nous vous proposons ci-après ainsi que leurs corrigés sont conformes aux décisions prises par les écoles conceptrices. Notre objectif est avant tout de vous proposer des pistes de réflexion sur des sujets possibles et un exemple des principales méthodologies à mettre en œuvre.

[1] Celui-ci a été entériné par arrêté ministériel du 24 juillet 2007 et publié au *Bulletin officiel* de l'Education nationale (*BO* n° 32 du 13 septembre 2007, modifié par *BO* n° 36 du 11 octobre 2007). Vous le trouverez détaillé page 16 de ce guide pratique.

[2] Rappelons qu'un argument est une preuve qui sert à affirmer ou à réfuter un fait ou une idée. Il est utilisé pour convaincre.

■ ■ ■

Sujet de type Essec

- ***Partie I, synthèse de documents : Vous rédigerez une note de synthèse présentant les idées essentielles des textes du dossier fourni, sans aucun jugement personnel et en évitant toute citation ou toute paraphrase des documents.***
- ***Partie II, réflexion argumentée : Y a-t-il une place pour l'Etat dans la théorie économique libérale ?***

Documents pour la synthèse

Document n° 1 — Un quart de siècle de développement spectaculaire

La Chine est aujourd'hui la troisième puissance de la planète pour le commerce des marchandises (commerce extérieur), alors que ses échanges avec le reste du monde étaient encore insignifiants il y a vingt ans. Dans le même temps, son produit intérieur brut (PIB), qui a dépassé en 2005 ceux de la France et du Royaume-Uni pour prendre le 4e rang mondial, à 2 225 milliards de dollars, soit 1 700 dollars par habitant, a été multiplié par six (de 1984 à 2004). Et quelque 420 millions de personnes ont pu s'extirper de la pauvreté absolue, au sens de la Banque mondiale, qui consiste à vivre avec moins de 1 dollar par jour.

Des réformes progressives

Cet exploit est le fruit des réformes économiques lancées par Deng Xiaoping (1904-1997), l'un des principaux dirigeants du Parti communiste chinois (PCC) au pouvoir depuis 1949, après la mort de Mao Zedong (1893-1976). Ecarté pendant la Révolution culturelle (1966-1976), durant laquelle Mao dénonce le productivisme et donne la priorité à la lutte des classes, Deng fait adopter, en décembre 1978, un programme de décollectivisation des terres qui, avec la hausse du prix d'achat des céréales par les coopératives d'Etat, permet une importante augmentation de la production agricole. Les intellectuels sont réhabilités et le slogan « plutôt rouge qu'expert » cède la place à « peu importe que le chat soit noir ou blanc, pourvu qu'il attrape les souris ».

Extrait de *Faut-il avoir peur de la Chine ?*, par Boris Cambreleng, éd. Milan, 2006.

Document n° 2 — La Chine fait le choix de l'ouverture

Cette croissance résulte d'une politique pragmatique et volontariste qui, tirant parti de la mondialisation, vise à rattraper le temps perdu en favorisant, après l'ère maoïste, l'initiative individuelle et en cherchant à acquérir aussi rapidement que possible le meilleur de la technologie moderne au moyen de transferts de technologie qui sont une spécificité chinoise. [...] Les réformes qui en découlent touchent à la fois les institutions, les divers secteurs de l'économie et les hommes. En rupture avec le passé, elles sont mises en œuvre par un pouvoir et un parti forts et omniprésents, afin que le pays retrouve puissance et dignité lui permettant de traiter d'égal à égal avec l'étranger et de tenir le premier rang sur la scène internationale.

L'ouverture sur l'extérieur de la Chine s'étend à l'économie au sens le plus large du terme, du seul fait que la Chine joue désormais un rôle de premier plan et incontournable sur les marchés mondiaux, aussi bien commerciaux, en raison du volume de ses approvisionnements en énergie et en matières premières, que financiers, car ses excédents monétaires contribuent à combler l'important déficit des Etats-Unis. Les énormes possibilités qu'offre son marché intérieur en voie d'ouverture attirent industriels et commerçants du monde entier, qui, en dépit des difficultés inhérentes à l'éloignement et à la langue, davantage ressenties par les PME que par les grands groupes, incite de nombreuses entreprises à y commercer et à s'y installer. A cette appétence répond le souci, convergent, des autorités d'accueillir les firmes étrangères, avec une très nette préférence pour celles d'entre elles disposant d'une technologie avancée et surtout de capacités de recherches importantes, afin de pouvoir bénéficier de transferts de technologie

qui conditionnent le plus souvent leur installation. Les financements qui les accompagnent viennent en grande partie de l'étranger, notamment de la riche diaspora des Chinois d'outre-mer installés dans d'autres pays.
Les investissements directs étrangers (IDE) et les centres de recherches qui les accompagnent dans la haute technologie jouent un rôle essentiel pour la modernisation et le développement des secteurs économique, financier et commercial qu'ils contribuent à profondément transformer. Les entreprises à capital étranger, qui en 2005 représentaient 31 % de l'industrie et 59 % du commerce, ont alors perçu 35 milliards de dollars de *royalties* et 25 milliards de dollars de dividendes, tandis que leurs exportations, en hausse régulière, avoisinaient les 35 % du PIB chinois. Ces IDE d'environ 60 milliards de dollars par an jouent un rôle d'autant plus essentiel qu'ils croissent régulièrement. Ils sont à l'origine d'une spécialisation industrielle à haute valeur ajoutée et assurent en même temps une valorisation commerciale sur les marchés internationaux. [...] Ces firmes dominent, en outre, le commerce extérieur, où la part des entreprises publiques a régressé de 51 % en 1998 à 30 % en 2005. De tels apports massifs de fonds en devises ont permis à la Chine de constituer des réserves de change qui augmentent. Evaluées à 769 milliards de dollars en 2005, elles sont en majeure partie placées en bons du Trésor américains, et couvrent le déficit de la balance des comptes des Etats-Unis.

Extrait de « Réflexions sur "le réveil de la Chine" », par Philippe Marchat, *La revue du Trésor*, juillet 2007.

Document n° 3 Les raisons d'une croissance tenant du miracle

Le deuxième facteur qui explique les succès de l'économie chinoise est l'introduction de l'économie de marché. Les premières réformes, celles prises au tout début des années 80, ont porté sur l'agriculture. A rebours de la pratique dramatique des communistes staliniens qui, depuis les premiers temps du bolchevisme, prétendaient construire l'industrialisation des pays qu'ils contrôlaient sur la ruine du monde rural, les dirigeants chinois ont décidé d'engager le processus de réformes par une augmentation des prix agricoles. Ce faisant, ils ont amélioré les conditions de vie des paysans et les ont incités à augmenter leur production. L'augmentation de la productivité agricole a conduit à dégager un surplus de production et surtout un surplus de main-d'œuvre, ce qui a eu deux conséquences favorables : la première a été l'émergence dans les campagnes d'un tissu de petites et moyennes entreprises privées remarquablement efficaces ; la seconde a été la mise en route du mécanisme de déplacement des populations vers les centres urbains en cours d'industrialisation, bref la mise en route de la révolution industrielle selon le schéma qui a fait ses preuves en Europe au XIXe siècle.
La réforme la plus importante dans cette introduction de la logique de marché a été de laisser se créer un secteur privé autonome, à côté des grandes entreprises d'Etat. Une des conséquences les plus évidentes de ce dynamisme local est que, très rapidement, s'est fait jour le besoin de créer une Bourse des valeurs. Celle-ci s'est mise en place de façon très pragmatique. Les Chinois ont agi, en termes de sortie du communisme, d'une façon radicalement opposée à celle des Russes. [...] Pour eux, le modèle est celui d'une économie de marché dans un cadre politique autoritaire comme celui qui a présidé au décollage économique de la Corée entre 1960 et 1990. [...]
Le troisième atout qui a permis le développement de la Chine est son héritage culturel. Une main-d'œuvre abondante et docile est nécessaire au décollage économique, une main-d'œuvre formée et réceptive aux évolutions technologiques est un facteur accélérant de la croissance.
Avant d'être détruit par les délires de la période maoïste, le système éducatif chinois a longtemps constitué une des forces du pays. Refaire de la population chinoise une des plus cultivées et une des mieux formées du monde est un des objectifs de la politique suivie depuis 1978-1979. Les théoriciens de la croissance donnent aujourd'hui une importance grandissante à ce qu'ils appellent le capital humain. Une population éduquée et en bonne santé est plus productive qu'une population fruste et prématurément usée. Habituellement, on calcule un « taux d'investissement humain » qui s'obtient en rapportant au PIB les dépenses d'éducation et de santé. En Chine, en 1978, ce taux se montait à 10 % du PIB. Il a atteint 20 % en 1990 et 25 % en 2005. Or 25 % est un taux comparable à ceux des pays développés membres de l'OCDE.
Le quatrième facteur de croissance a été de compenser les manques en termes de compétences en se tournant vers des spécialistes venus de l'étranger. Les investissements des entreprises étrangères en Chine ont été systématiquement

accompagnés par la venue d'équipes d'ingénieurs et de cadres de haut niveau. Un des moyens privilégiés pour importer du savoir-faire a été de faire revenir une partie des Chinois expatriés et parmi eux, en priorité, ceux ayant acquis en Occident, au Japon ou à Taiwan une formation supérieure. [...] Cela a permis au pays de bénéficier de niveaux de formation que son système éducatif délabré de l'après-Révolution culturelle était bien en peine de fournir. L'arrivée de gens hautement qualifiés a favorisé le développement des industries de haute technologie. La part de la « nouvelle économie », c'est-à-dire des technologies de l'information et de la communication, dans le PIB chinois est passée de 2,3 % en 1997 à 5,7 % en 2002.

Extrait de *Le taureau face aux tigres*, par Jean-Marc Daniel, éd. Pearson Education/Village mondial, 2007.

Document n° 4 Les ressorts de la croissance chinoise

Au cours de la période 1978-2001, les facteurs de production, le travail comme le capital, ont fortement augmenté en Chine. La population active progresse rapidement (de 2,6 % par an) et les taux d'investissement atteignent des niveaux exceptionnellement élevés (de 35 % à 40 % du PIB), même au regard des taux observés en Asie. La productivité du travail s'élève grâce à l'augmentation du capital disponible par travailleur, à l'amélioration de la qualité de la main-d'œuvre et aux nouvelles formes d'organisation. Dans l'agriculture, les gains de productivité très rapides (près de 4 % par an) sont largement dus à la décollectivatisation puis à la baisse de l'emploi agricole. Hors du secteur agricole, le stock de capital croît rapidement et contribue à la progression de la productivité du travail, qui selon les estimations se situe entre 3,5 % et 6 %. Enfin, le changement de la répartition de l'emploi au profit de l'industrie et des services, où la productivité est plus élevée que dans l'agriculture, est une source importante de gains de productivité du travail.
Les tentatives pour mesurer la contribution respective des différents facteurs à la croissance s'accordent à considérer que l'augmentation du capital a été le principal facteur de croissance depuis 1978 (contribuant pour moitié environ à la croissance). Viennent ensuite l'augmentation de la main-d'œuvre et les gains de productivité dus à la réallocation de la main-d'œuvre. Les gains de productivité globale des facteurs (liés à une meilleure utilisation du capital et du travail, et au progrès technologique au sein de chaque secteur) sont, en Chine comme ailleurs, difficiles à mesurer.
En résumé, le schéma suivant rend compte du rythme exceptionnel de la croissance économique chinoise dans les deux décennies de réformes : le PIB total croît de 7 % par an, mais par travailleur il croît de 5 % ; dans les seuls secteurs de l'industrie et des services, la production croît de 8 % par an, mais la production par travailleur de moins de 4 %. Hors agriculture, la productivité du capital progresse peu (+ 0,4 %) et la productivité globale des facteurs apparaît modérée (+ 1,4 %) (Young, 2000).

Extrait de *L'économie de la Chine*, par Françoise Lemoine, coll. Repères, éd. La Découverte, 2006.

Document n° 5 Chine : rééquilibrer la croissance

La croissance chinoise se poursuit au premier trimestre 2007 au rythme exceptionnel de l'année 2006, 11,1 %, et l'investissement affiche une hausse de 20 %. La Chine n'est pas la seule économie émergente dont l'activité s'emballe. Dans les pays baltes, en Roumanie, en Inde ou au Vietnam, on redoute aussi les effets d'une activité non maîtrisée. Mais le cocktail chinois est spécifique à bien des égards. Il est surtout plus lourd de conséquences, compte tenu du poids croissant de la Chine dans le commerce mondial (8 % des exportations mondiales pour les trois premiers trimestres de 2006) et de son rôle dans la formation des déséquilibres financiers mondiaux. Comparée aux grands pays émergents, la Chine se caractérise par un poids record de l'investissement dans le PIB : 44 % selon les données du FMI, contre 17 % au Brésil, 18 % en Russie ou 34 % en Inde. Depuis 2002, la dynamique de l'investissement explique la moitié de la croissance. Les autorités affirment régulièrement vouloir parvenir à un rééquilibrage en faveur de la consommation des ménages. Mais l'investissement privé explose et le régime de croissance ne change guère.
Un ralentissement en douceur combiné à un rééquilibrage de la croissance au profit de la consommation aurait l'avantage de répondre aux

multiples défis auxquels l'économie chinoise est confrontée. L'objectif réaffirmé par le gouvernement est de parvenir à construire une société plus harmonieuse. Les populations rurales sont en marge du miracle chinois. La hausse des revenus a été beaucoup plus prononcée pour les urbains : en 2005, les revenus des urbains sont, en moyenne, trois fois plus élevés que ceux des ruraux. Dans les campagnes, on voit les tensions se cristalliser autour des réquisitions brutales de terres qui se font au nom de l'industrialisation croissante et de l'extension des terrains immobiliers. [...]

Enfin et surtout, la maîtrise de la croissance est indispensable pour éviter le spectre d'une déflation brutale, liée à une croissance de l'offre plus vive que celle de la demande. Les surcapacités dans plusieurs secteurs (automobile, sidérurgie, immobilier, commerce de détail) devront être corrigées. On n'observe pas encore d'ajustement global des profits. Mais là où la concurrence est la plus rude – notamment dans les activités tournées vers le marché intérieur –, les marges progressent désormais moins vite. Même en cas de ralentissement modéré, la disparition de petites activités en surnombre aura un coût social. Migrants des campagnes ou licenciés des entreprises publiques ont souvent créé, par simple imitation du voisin, leur petite unité de vente, de matériel de construction par exemple, pour bénéficier du boom de l'immobilier. Une crise plus vaste, moins sélective, dans laquelle de nombreux acteurs privés seraient touchés est également possible. Une correction brutale n'est pas aujourd'hui le scénario le plus probable. Mais on comprend mieux, en l'évoquant, l'ampleur du défi que les autorités chinoises doivent relever : ralentir l'investissement sans casser l'activité, dans un système où les instruments de politique économique sont soit grossiers, soit inefficaces.

Extrait de *L'économie mondiale 2008*, Cepii, coll. Repères, éd. La Découverte, 2007.

Document n° 6 La Chine, un danger écologique majeur

La Chine a construit jusqu'à présent sa stratégie de croissance sans s'inquiéter du coût des matières premières. Disposant d'une main-d'œuvre à un prix défiant toute concurrence et attirant sans difficulté les capitaux étrangers, elle a pu fournir à la planète entière des produits bon marché sans chercher à vraiment optimiser ses processus de production. A côté d'usines très performantes apportées clés en main par des sociétés étrangères, elle a développé des unités de production certes compétitives au niveau mondial grâce au faible coût du travail, mais polluantes et vivant sur le gaspillage des ressources naturelles. Les technologies mises en œuvre sont encore, dans bien des secteurs, archaïques. Le secteur exportateur est constitué essentiellement de firmes étrangères, leur part pouvant aller jusqu'à représenter 85 % des exportations des produits dits de haute technologie. Ce manque global d'efficacité dans l'emploi des facteurs de production est alarmant pour ce qui est de l'énergie. La consommation d'énergie par unité de PIB en Chine est trois fois celle du Canada, pays au climat difficile, cinq fois celle des Etats-Unis, pays souvent montré du doigt pour son indifférence environnementale, et dix fois celle du Japon. La Chine est perçue à l'heure actuelle comme un danger écologique majeur.

Extrait de *Le taureau face aux tigres*, par Jean-Marc Daniel, éd. Pearson Education/Village mondial, 2007.

Document n° 7 Quand la Chine éternuera-t-elle ?

La croissance en Chine est bien une réalité, comme peut le constater tout visiteur, vite saisi de vertige par les gratte-ciel un peu kitsch du Bund de Shanghai, par l'activité sans fin des ports, important minerai de fer et graines de soja, ferrailles et blés pour satisfaire une Chine presque insatiable. A ceux qui doutent, on peut rappeler la croissance impressionnante de la production d'acier et de ciment, le fait que l'on estime que la moitié des grues installées dans le monde se trouve en Chine. Jamais on n'a connu dans l'histoire pareil décollage presque vertical ! Le niveau de l'investissement est particulièrement impressionnant avec une croissance annuelle de 25 % et il faut remarquer l'importance des investissements directs étrangers qui dépassent les 60 milliards de dollars par an. Il est de bon ton chez certains économistes de dauber cette croissance en soulignant qu'elle est le résultat d'une forme très primitive d'accumulation du capital fixe : au fond, ce ne serait pas très compliqué d'aligner les usines les unes derrière les autres, mais la première crise de production venue les balaierait comme des fétus de paille tant les technologies utilisées en apparaissent primaires.

Que dire aussi de ses faiblesses bancaires ! Analysé à l'aune des normes occidentales, le système bancaire chinois est en virtuelle faillite et les recapitalisations consenties par l'Etat aux banques publiques ces dernières années ne sont pas autre chose que des cautères sur une jambe de bois, pourrie de mauvaises créances. C'est qu'il doit financer un secteur public dont des pans entiers sont encore restés à l'âge maoïste, et qui semble plus souvent que de coutume marqué au coin de la corruption : la corruption et le népotisme sont en effet devenus des maux endémiques en Chine, si l'on en juge par la sensible augmentation des condamnations et même des exécutions capitales pour ces motifs.

Mais la principale faiblesse chinoise est, à notre sens, la montée des inégalités au sein d'une société qui était encore, il y a quelques décennies, l'une des plus égalitaristes au monde. En soi, pareille augmentation des inégalités n'a rien de choquant. Toutes les phases de forte croissance économique de l'histoire, comme les révolutions industrielles, ont été marquées par une croissance des inégalités qui a débouché sur les grands conflits sociaux des années 1880-1890. Il n'y a rien d'étonnant à ce qu'il en soit de même en Chine entre, d'une part, les populations rurales les plus reculées et les immigrés derniers arrivés dans les immenses mégapoles et, d'autre part, les 100 à 200 millions de « nouveaux riches » et d'héritiers de l'ancienne *nomenklatura*. La Chine a à gérer le mouvement de migration le plus massif de toute l'histoire des hommes : en cinq ans, de 1999 à 2004, le taux d'urbanisation est passé de 27 % à 37 % et ce sont chaque année quelque 20 millions de personnes qui quittent les campagnes chinoises. Pauvreté et exclusion apparaissent dans des villes où se côtoient les extrêmes de la société. Comment ne pas imaginer un jour des troubles sociaux, voire des révoltes, comme il semble déjà y en avoir eu dans certaines régions contre des castes dirigeantes trop corrompues ou trop vite enrichies ?

Extrait de *Le siècle de toutes les espérances*, par Philippe Chalmin, coll. Ulysse, éd. Belin, 2005.

Corrigé de la synthèse de documents

La Chine s'affirme comme un géant économique avec lequel il faut désormais compter. La documentation fournie permet de comprendre les conditions de ce décollage économique, mais également de prendre la mesure des risques et des fragilités qui pèsent sur cette économie.

1. Le décollage de l'économie chinoise est le résultat de réformes économiques ambitieuses et de la mobilisation d'énormes ressources

A. Les réformes entreprises à partir de 1978 par Deng Xiaoping ont transformé une économie communiste fermée sur le monde en une économie de marché très ouverte

La décollectivisation des terres a permis aux paysans de vendre leur production à des prix de marché et les a incités à devenir plus productifs. La réforme facilitant la création d'entreprises privées permet aussi l'introduction de la concurrence et incite à plus d'efficacité.

En s'ouvrant sur le reste du monde, la Chine oriente son système productif vers la fabrication de produits destinés à satisfaire la demande des pays développés. L'atelier du monde est né et les exportations progressent à un rythme très rapide : plus de 20 % par an. En outre, la Chine s'est également ouverte aux investisseurs étrangers dans le but d'attirer les technologies performantes des pays développés pour mieux les reproduire ensuite.

B. La croissance de la Chine repose sur une mobilisation exceptionnelle des facteurs de production selon un modèle de croissance extensif

Avec un taux de croissance annuel moyen de près de 10 %, le PIB de la Chine a été multiplié par six en vingt ans. Mais cette croissance est avant tout extensive.

La population active s'accroît à un rythme rapide (+ 2,6 % par an) du fait du vaste mouvement de déversement de la main-d'œuvre vers les villes et les ateliers. Cette main-d'œuvre est « docile », peu coûteuse et surtout plutôt bien formée. L'investissement de la Chine en capital humain rejoint ainsi les standards occidentaux.

L'effort d'investissement est exceptionnel puisque la Chine y consacre environ 35 % à 40 % de son PIB, avec des taux de croissance annuels de 20 % en moyenne.

Toutefois, cette croissance est peu productive, c'est-à-dire qu'elle ne repose pas sur une meilleure efficacité de la combinaison des facteurs travail et capital.

2. L'économie chinoise est confrontée à de nombreux défis liés aux déséquilibres économiques et sociaux de sa croissance

A. Les dirigeants chinois doivent relever le défi d'une croissance déséquilibrée

S'il est normal qu'un pays en phase de rattrapage comme la Chine investisse plus que des pays plus avancés, la situation actuelle fait craindre des surcapacités. Le risque est qu'un ralentissement de la demande étrangère déclenche une crise de surinvestissement génératrice d'une déflation couplée à une crise bancaire. L'objectif des dirigeants chinois est donc de parvenir à rééquilibrer la croissance au profit de la consommation intérieure.

B. La Chine est également confrontée à une certaine instabilité sociale et aux coûts pour l'environnement de son modèle de croissance

Si la croissance chinoise permet de faire sortir de la pauvreté de nombreuses personnes, elle s'accompagne aussi d'un creusement rapide des inégalités de revenus entre les villes et les campagnes. De telles inégalités peuvent s'avérer lourdes de tensions sociales.

La croissance chinoise est d'abord une croissance fondée sur une mobilisation extensive des ressources, notamment environnementales. Ainsi, l'efficacité énergétique de la Chine est cinq fois inférieure à celle des Etats-Unis.

Conclusion

En réformant son système économique, la Chine est redevenue une puissance qui compte. Toutefois, la croissance chinoise est confrontée à de nombreux défis difficiles à relever.

Corrigé de la réflexion argumentée

Y a-t-il une place pour l'Etat dans la théorie économique libérale ?

L'Etat est une institution politique dotée, selon le sociologue Max Weber, du monopole de la violence légitime. S'il existe plusieurs courants de pensée au sein du libéralisme et des divergences conséquentes, des points d'accord importants se dégagent autour de principes tels que la primauté de l'individu, la confiance dans le fonctionnement des marchés et le rôle indispensable de la concurrence comme facteur de bien-être.

1. Sur cette base, la doctrine libérale est d'abord une rigoureuse théorie des limites de l'intervention de l'Etat dans l'économie

Sur la base de la théorie de la « main invisible » élaborée par Adam Smith, les libéraux considèrent que l'Etat est d'abord une institution irremplaçable pour créer et faire respecter des règles du jeu stables et sûres aux acteurs du marché, ainsi que pour exercer les fonctions régaliennes traditionnelles (sécurité, police, défense, monnaie). Mais au-delà, ils jugent suspectes les interventions de l'Etat dans les affaires économiques et sociales. Dès lors que celui-ci prétend se mêler du fonctionnement des marchés, il en perturbe le fonctionnement autorégulateur et crée des déséquilibres. Les interventions sur le système des prix par la fixation de prix plancher ou plafond, ou les barrières réglementaires à l'entrée sur les marchés sont contestées pour leur inefficacité. Les libéraux montrent que ces interventions ont pour résultat une diminution du surplus économique (perte de bien-être) et l'entretien de déséquilibres. En outre, les théoriciens libéraux de l'école du *Public Choice* montrent que les interventions de l'Etat s'analysent en dernier ressort comme des actions qui visent à protéger certains groupes au détriment de l'intérêt général. Ce modèle postule ainsi que l'Etat n'agit pas au nom de l'intérêt général de façon bienveillante, mais pour défendre ses intérêts propres. Il peut ainsi devenir, notamment pour des raisons électorales ou par manque d'informations, le captif de groupes de pression.

2. Toutefois, les économistes du bien-être (Pigou) ont étendu le champ des interventions dans le but de remédier à certaines défaillances du marché reconnues depuis longtemps par les libéraux

Adam Smith avait eu l'intuition de la nécessité d'élargir l'intervention de l'Etat à certains ouvrages, utiles à la collectivité, mais à la rentabilité individuelle insuffisante pour qu'ils soient produits. Il se méfiait aussi de la propension des industriels et des marchands à comploter contre la concurrence. Ce constat a été depuis largement théorisé à travers les théories des biens collectifs et des effets externes. Dans les deux cas, les économistes libéraux reconnaissent généralement qu'il s'agit de défaillances du système des prix à allouer les ressources rares de façon optimale. Il revient donc à l'Etat de les corriger par différents moyens allant du financement par l'impôt, l'utilisation de la fiscalité pour restaurer la réalité des coûts de la production (Arthur Cecil Pigou), à la distribution de droits de propriété (Ronald Coase) et à la création de nouveaux marchés (J. H. Dales).

Quant aux imperfections de la concurrence, Adam Smith n'aurait probablement pas été hostile au renforcement des pouvoirs des autorités de la concurrence pour lutter contre les pratiques anticoncurrentielles.

Conclusion

Parmi les trois fonctions attribuées par Richard Musgrave à l'Etat, c'est seulement dans le domaine de l'allocation des ressources que l'intervention étatique est admise par les libéraux. Au-delà, leur hostilité reste très forte.

Sujets et corrigés proposés par Frédéric Larchevêque,
professeur d'économie en classes préparatoires économiques et commerciales
au lycée Alfred-Kastler, à Cergy.

■ ■ ■

ESG
Groupe Paris Graduate School of Management
ÉCOLE SUPÉRIEURE DE GESTION • PARIS
GRADE MASTER • DIPLÔME BAC+5 VISÉ PAR L'ÉTAT
3 niveaux d'admissions sur concours :
1ère année après Bac ► 3e année après Bac+2 et prépas ► 4e année après Bac+3/4
11 SPÉCIALISATIONS
• Achats et supply chain
• Audit et expertise comptable
• Bancassurance
• E-commerce
• Entrepreneuriat
• International business
• Management des ressources humaines
• Management du luxe
• Management du sport
• Management financier
• Marketing et publicité
www.esg.fr
ÉCOLE SUPÉRIEURE DE GESTION • PARIS
Établissement d'Enseignement Supérieur Technique Privé reconnu par l'État
25 rue Saint-Ambroise - 75011 Paris
Tél. : +33 (0)1 53 36 44 04 • e-mail : concours@esg.fr
L'ESG est membre de :
AACSB INTERNATIONAL
EFMD

Sujet de type Ecricome
- *Partie I, réflexion argumentée (60 % de la note) :*
Comment vaincre le chômage en France ?
- *Partie II, questionnaire à choix multiples (40 % de la note).*

Questionnaire à choix multiples

Vous entourez les lettres correspondant aux bonnes réponses sachant que pour chaque question, il peut exister une ou plusieurs réponses.

1. Les accords du Gatt sont mis en place pour :
A. libéraliser les échanges
B. consolider les droits de douane entre les nations
C. appliquer des principes de non-discrimination entre les nations

2. Le traité de Rome instituant la CEE est signé :
A. le 9 mai 1950
B. le 27 mai 1952
C. le 25 mars 1957

3. Le degré d'ouverture sur le reste du monde :
A. se mesure par le solde de la balance commerciale
B. est égal à la moyenne des importations et des exportations rapportée au PIB
C. est plus élevé pour la zone euro que pour la France
D. est un indicateur de performance économique

4. Sur la période récente, les flux d'investissements directs :
A. sont excédentaires en France
B. sont plus le reflet de la bonne attractivité du territoire français que du dynamisme international des entreprises françaises
C. sont un indicateur de la division internationale du processus productif

5. En matière d'accords d'intégration régionale :
A. l'Alena regroupe les Etats-Unis et le Canada
B. le Mercosur comprend le Brésil, l'Argentine et le Chili
C. l'ASEAN a été formé sous l'influence de la Chine
D. l'Union européenne constitue l'accord le plus avancé
E. le commerce intrazone est plus important pour le Mercosur que pour l'Alena

6. Le coefficient d'élasticité-prix de la demande d'un bien :
A. est mesuré par le rapport entre l'utilité relative d'un bien et la variation relative de son prix
B. est mesuré par le rapport entre la variation relative des prix et la variation relative de la demande d'un bien
C. est mesuré par le rapport entre la variation relative de la demande d'un bien et la variation relative de son prix
D. est négatif pour un bien normal

7. Les barrières à l'entrée sur un marché :
A. peuvent être d'origine réglementaire
B. peuvent être le résultat d'économies d'échelle dans une branche
C. empêchent les consommateurs d'accéder à un marché

D. constituent un obstacle qui permet aux firmes de sélectionner les consommateurs sur un marché
E. résultent d'un choix communautaire encouragé par la Commission européenne

8. Qu'est-ce que le coût marginal pour une firme ?
A. le supplément de coût de production engendré par la production d'une unité supplémentaire
B. le supplément de facteur de production nécessaire à la production d'une unité supplémentaire
C. le supplément de coût de production engendré par l'augmentation de la taille de l'unité de production
D. une valeur nécessairement décroissante pour les économistes depuis Turgot

9. Un bien collectif est un bien pour lequel il y a :
A. absence de rivalité entre consommateurs et possibilité d'exclusion
B. absence de rivalité entre consommateurs et impossibilité d'exclusion
C. absence de rivalité entre producteurs et impossibilité d'exclusion
D. rivalité entre consommateurs et impossibilité d'exclusion

10. Une situation de monopole se traduit généralement par :
A. de moindres ventes qu'en situation concurrentielle
B. un prix plus élevé qu'en situation concurrentielle
C. un prix moins élevé qu'en situation concurrentielle
D. une réduction du bien-être collectif

11. Le pouvoir de marché :
A. appartient à des organismes publics qui assurent le bon fonctionnement des marchés
B. représente la capacité pour une firme d'influencer le prix de marché
C. désigne le pouvoir de vendre à un prix supérieur au coût marginal de production
D. s'accroît avec le processus de concentration

12. Le PIB de la France s'élevait en 2006 à environ :
A. 1 300 milliards d'euros
B. 1 800 milliards d'euros
C. 2 200 milliards d'euros

13. Le niveau des prélèvements obligatoires :
A. représente en France 54 % du PIB
B. a principalement progressé en France ces dix dernières années
C. s'explique principalement par le poids très élevé de l'impôt sur le revenu en France
D. est en France l'un des plus élevés d'Europe

14. Parmi les objectifs de politique économique recensés par Kaldor, on ne trouve pas :
A. l'équilibre des finances publiques
B. le taux de chômage
C. le taux d'emploi
D. la croissance du PIB
E. la réduction de l'endettement public

15. Si l'on considère l'Union européenne comme une seule entité commerciale, la part des autres pays dans le commerce mondial :
A. diminue
B. augmente
C. demeure stable

Solutions de ce QCM page 112.

Corrigé de la réflexion argumentée

Comment vaincre le chômage en France ?

Le taux de chômage était passé en France sous la barre des 8 % (7,8 % de la population active) au printemps dernier et le nouveau gouvernement s'était donné comme objectif d'atteindre le plein-emploi d'ici cinq ans. Mais depuis, la donne a bien changé : la hausse des prix, puis les effets sur l'économie réelle de la crise financière ont provoqué une dégradation de la situation de l'emploi.

Le décompte du nombre de chômeurs est effectué par deux organismes, l'ANPE et l'Insee, selon des conventions différentes. Les chiffres sont souvent l'objet de polémiques et de contestations, car la baisse du taux de chômage cache une réalité moins glorieuse : précarité, emploi à temps réduit, chômage déguisé et faible taux d'emploi.

La question posée est justifiée par le fait que depuis trente ans, la France a multiplié les actions en faveur de l'emploi avec un invraisemblable empilement de mesures diverses à l'efficacité rarement évaluée. Il en coûte à l'économie française près de 4,5 % de son produit intérieur brut (PIB). On peut donc se demander pourquoi ce qui n'a pas marché hier le pourrait aujourd'hui. Le chômage n'est pourtant pas une fatalité et certains pays, pourtant très différents comme le Danemark ou le Royaume-Uni, sont dans une situation de plein-emploi.

Quel contexte nouveau peut faire penser que l'objectif de plein-emploi est désormais réaliste pour un pays comme la France, alors même que les prévisions de croissance sont démenties par les nuages qui s'amoncellent sur l'économie mondiale (crise financière, hausse du prix de l'énergie, appréciation de l'euro). De ce point de vue, les évolutions démographiques représentent une opportunité qu'il convient de gérer efficacement. Autrement dit, entre les remèdes efficaces et ceux dont la portée est limitée, il convient de faire un tri.

Nous montrerons d'abord que la réalisation de l'objectif de plein-emploi dépend en premier lieu du cocktail activité économique soutenue et nouvelle donne démographique (partie 1). Puis nous verrons que ces ingrédients nécessaires doivent être complétés par des politiques de l'emploi susceptibles de faire reculer la part structurelle du chômage (partie 2).

1. L'objectif de plein-emploi dépend incontestablement de l'activité économique et, dans une certaine mesure, de la nouvelle donne démographique dont il ne faut cependant pas trop attendre

A. La croissance économique est indispensable pour créer des emplois, mais elle ne se décrète pas

Les deux expériences empiriques de baisse du chômage en France – 1988-1990 et surtout 1997-2000 (1 million d'emplois créés) – montrent que la clé de la baisse du chômage réside dans le dynamisme des créations d'emplois. Inversement, lorsque la croissance fait défaut, comme c'est le cas aujourd'hui dans le contexte de la crise financière, les plans de suppression d'emplois se succèdent et le chômage augmente.

La croissance permet d'abord de faire baisser le chômage conjoncturel. En outre, une politique de relance de l'activité est d'autant plus efficace que la croissance est riche en emplois. Cela suppose un ralentissement des gains de productivité du travail qui ne peut être érigé en modèle durable. Au printemps 2007, le gouvernement a mis en œuvre un ensemble de mesures destinées à soutenir le pouvoir d'achat des ménages et l'emploi. Ces mesures rassemblées sous le nom de « paquet fiscal » comprenaient notamment la défiscalisation des heures supplémentaires, dont l'impact sur l'emploi est au mieux négligeable. En premier lieu, parce que le nouveau régime des heures supplémentaires va avoir tendance à se substituer à des embauches et à favoriser les *« insiders »*. En second lieu, parce que le supplément de revenu paraît trop faible pour véritablement stimuler la demande de biens et de services, surtout dans un contexte d'inflation qui pénalise le pouvoir d'achat.

Dans le contexte récessif actuel qui touche l'Europe après les Etats-Unis, la priorité doit être à l'économie réelle, après le sauvetage dans l'urgence des banques et du système financier. Mais les mesures concrètes tardent et on ne peut que déplorer l'absence d'un véritable gouvernement économique dans la zone euro. Certes, la Commission européenne a levé l'application des règles du pacte de stabilité, mais les marges de manœuvre budgétaires de nombreux pays sont réduites. De son côté, la politique monétaire de la Banque centrale européenne (BCE) est rivée sur son objectif unique de lutte contre l'inflation.

Quelles que soient les difficultés réelles à organiser une relance coordonnée de l'activité en Europe, il faut toutefois bien voir que la croissance à long terme ne se décrète pas.

B. Profiter des évolutions démographiques sans toutefois tout en attendre

Les évolutions démographiques présentes et à venir semblent plus favorables que celles prévalant dans les années 80. Dans le contexte des départs à la retraite des générations nombreuses et de l'entrée de générations moins nombreuses sur le marché du travail, la population active augmente moins vite aujourd'hui (80 000 actifs cette année) et pourrait même se contracter dans les prochaines années. Cette évolution représente une opportunité, car la baisse du chômage est possible a priori avec moins de créations d'emplois qu'hier.

Pour autant, il ne faut pas en attendre de miracle. Le ralentissement démographique n'est pas une condition suffisante de la baisse du chômage. En effet, les politiques de retrait d'activité, les dispenses de recherche d'emploi ou plus largement les 35 heures ont montré leurs limites dans la lutte contre le chômage. La poursuite de la baisse du chômage suppose un effort d'investissement soutenu et ne se produira qu'à la condition que les créations d'emplois demeurent dynamiques.

Croissance économique et opportunité des évolutions démographiques forment ensemble des éléments nécessaires, mais pas suffisants. Les solutions de fond consistent à s'attaquer à la part structurelle du chômage.

2. Vaincre le chômage suppose la mise en œuvre de nouvelles politiques de l'emploi et une réforme du marché du travail aux effets socialement coûteux

A. De nouvelles politiques de l'emploi visent à réduire le chômage structurel et commencent à donner des résultats

Les politiques d'activation de la demande de travail peu qualifié (par exemple, baisse du coût du travail au voisinage du salaire minimum, solvabilisation des emplois de services à la personne, etc.) permettent de créer des emplois.

Les politiques d'activation de l'offre de travail visent à régler en partie les problèmes de l'existence de postes vacants qui ne trouvent pas preneurs (courbe de Beveridge) : lutte contre les trappes à inactivité (prime pour l'emploi, revenu de solidarité active [RSA]), réforme du système d'allocation chômage et du service public de l'emploi (fusion ANPE et Unedic) pour promouvoir un meilleur accompagnement du chercheur d'emploi.

La réforme d'un marché du travail au fonctionnement trop rigide à bien des égards s'impose. La France est un pays où les flux de destructions et de créations d'emplois sont les plus faibles. En d'autres termes, si l'on perd assez peu son emploi en France, on en retrouve aussi un plus difficilement lorsqu'on l'a perdu. Cela reflète un manque de fluidité du marché du travail.

Améliorer les appariements sur le marché du travail suppose des capacités de formation et d'insertion renforcées. Mais cela suppose aussi une réforme en profondeur des systèmes actuels de formation qui profitent en priorité aux cadres et techniciens.

B. Mais ces solutions impliquent des coûts auxquels il faut remédier pour surmonter les résistances

Les coûts et les limites sont connus : une forte précarité de l'emploi. Les syndicats européens font observer que si 4 millions d'emplois ont été créés cette année, dont plus de 300 000 en France, de plus en plus sont sous forme de contrats à durée déterminée et de temps partiels le plus souvent contraints. Les employeurs multiplient aussi le recours aux faux indépendants et abusent de l'argument de la concurrence internationale. Aujourd'hui, 14,5 % des emplois sont précaires.

Il en découle une multiplication des emplois mal payés et la recrudescence du phénomène de la pauvreté laborieuse, qui met à mal le consensus social. En France, on observe la formation de trappes à bas salaires, résultat de la politique de réduction des charges, un tassement des hiérarchies salariales vers le bas - smicardisation de la société - et un creusement des inégalités sociales. On observe aussi un chômage déguisé : les statistiques du chômage sont contestées, car elles cachent mal le phénomène du sous-emploi.

Contre tous ces maux, une réflexion se fait jour pour concilier, selon le modèle danois de la flexsécurité, moins de protection de l'emploi (flexibilité du marché du travail) et plus de sécurité pour la personne et le travailleur qui perd son emploi (maintien du revenu, réintégration des travailleurs privés d'emploi). En France, l'importation de ce modèle est envisagée. La première étape s'est déroulée avec l'accord interprofessionnel sur la modernisation du marché du travail (11 janvier 2008). Avant la fin de l'année, cet accord devrait être repris par le gouvernement pour en faire une loi. Mais le modèle danois est également très coûteux.

Conclusion

Vaincre le chômage est une chose, mais la question du plein-emploi ne se réduit pas au seul objectif du chômage. La relative faiblesse du taux d'emploi en est une autre. L'objectif de Lisbonne est de le faire remonter à 70 %. Cela passe en France par une augmentation du taux d'emploi des 16-24 ans et des plus de 50 ans.

Sujets et corrigés proposés par Frédéric Larchevêque,
professeur d'économie en classes préparatoires économiques et commerciales
au lycée Alfred-Kastler, à Cergy.

■ ■ ■

Corrigé du questionnaire à choix multiples (page 108)

1- A et C ; **2-** C ; **3-** B ; **4-** C ; **5-** D ; **6-** C et D ; **7-** A et B ; **8-** A ; **9-** C ; **10-** A, B et D ; **11-** B, C et D ; **12-** B ; **13-** D ; **14-** A, C et E ; **15-** B.

www.ESCDIJON.eu

OPEN NEW WAYS TO BUSINESS!

Sujet de type ESC
Synthèse de documents : A l'aide des documents fournis, vous rédigerez une synthèse relative à la gestion des ressources halieutiques comportant une introduction et deux ou trois parties très structurées.

Documents pour la synthèse

Document n° 1 Océans : l'alarme

Si l'on continue à pêcher à ce rythme, les poissons vont pratiquement disparaître des océans d'ici un demi-siècle. La conclusion du plus grand bulletin de santé jamais réalisé sur l'état des océans mené par quinze éminents chercheurs a ému l'opinion publique internationale. Le *Monde 2* a rencontré le biologiste allemand Boris Worm, coauteur de l'enquête publiée en novembre dans le journal *Science* qui a sonné l'alarme.

Les océans vont-ils aussi mal que vous le dites ?
Nous avons établi des corrélations solides entre les prises massives de la pêche industrielle et le grand appauvrissement, voire la disparition des grandes espèces. Trois chiffres sont à retenir :
– 7 % des espèces marines ont disparu depuis 1950, principalement chez les mammifères marins et les poissons de grande taille. Plusieurs variétés de baleines, d'espadons, de tortues, de vaches de mer, de requins, de raies n'existent plus ;
– 29 % des 600 groupes d'espèces pêchées dans le monde sont en voie d'épuisement, c'est-à-dire qu'elles sont descendues à 10 % de leurs stocks de 1950 (par exemple, au Canada, la morue, le saumon, le marsouin commun, le fouille-roche gris, la raie tachetée, le chevalier cuivré, le colin, l'églefin, le capelan, la crevette ou le thon rouge). Ces chiffres confirment et aggravent ceux avancés en 2004 par la FAO qui annonçait que 25 % des espèces sont surexploitées et avaient perdu 90 % de leur population ;
– 53 % des espèces pêchées sont capturées à 50 % de leur stock. L'intensification actuelle des prises nuit à leur renouvellement et les met en péril.

Ne suffit-il pas, comme le préconise la FAO, d'arrêter ou de limiter certaines pêches pour que l'océan retrouve rapidement sa diversité ?
En mars 2005, la FAO avait déjà lancé un appel solennel à la reconstitution des stocks de poissons appauvris. Si nous n'agissons pas, déclarait-elle, nous risquons de nous trouver face à une grave crise alimentaire mondiale d'ici à 2050, quand nous serons 9 milliards d'humains. Notre enquête confirme toutes ces prévisions. Les stocks de poissons en Atlantique nord-est, nord-ouest et sud-est, en Méditerranée, en mer Noire, dans le Pacifique sud-est et dans l'océan austral sont surexploités par la pêche industrielle.

Que disent les économistes de votre équipe ?
Ils ont évalué le coût de la dégradation des mers. Nous payons très cher les dégâts que nous provoquons. Il faut par exemple aider financièrement les pêcheurs privés de matière première. Prenez Terre-Neuve : 37 000 personnes se sont retrouvées sans travail après l'effondrement du secteur de la pêche à la morue dans les années 90, la vie économique de 500 à 700 villages de pêcheurs s'est arrêtée. Il a fallu les indemniser. Tout cela coûte très, très cher. Sans oublier les risques de crise alimentaire mondiale, souvent évoquée par la FAO, si nous n'agissons pas rapidement. [...]

Quelles mesures préconisez-vous pour inverser la tendance ?
Il faut protéger prioritairement les zones où les poissons vont frayer et se reproduire. Ouvrir des réserves, créer des zones interdites à la pêche, pour permettre la régénération des espèces. Interdire la pêche de grand fond et les filets dérivants. Prohiber la chasse de toutes les espèces en voie d'extinction ou menacées de l'être. Fixer des quotas, des moratoires... Toutes les mesures permettant la reconstitution de la biodiversité marine et d'écosystèmes renouvelables, une exploitation durable des ressources sous-marines doivent être prises. Elles seules proposent une économie viable. Durable.

Extrait d'un entretien réalisé par Frédéric Joignot pour *Le Monde 2* du 10 février 2007.

Document n° 2 Mettre fin à la surexploitation des stocks de poissons d'ici à 2010

Au plan national, les pays de l'OCDE ont pris des mesures visant à favoriser des pêches durables, notamment par la réduction de la surcapacité des flottes de pêche et par l'élaboration d'outils améliorés de surveillance et d'application des règlements pour la gestion de leurs zones économiques exclusives de 200 milles. S'agissant de la réduction de la surcapacité du secteur, on estime – pour les pays de l'OCDE pour lesquels on dispose de données – que le nombre de navires de pêche a diminué de 11 % entre 1989 et 1999, tandis que le tonnage brut diminuait de 16 % (OCDE, 2001). Les programmes de rachat de navires et de licences constituent l'approche privilégiée pour réduire la capacité dans les pays de l'OCDE ; c'est ainsi qu'en 1997, 350 millions de dollars (correspondant à 6 % du total des transferts financiers publics en faveur du secteur de la pêche) ont été consacrés, selon les estimations, au retrait de navires et de licences. D'autres instruments sont utilisés, à divers niveaux, dans les pays de l'OCDE, pour gérer la capacité de pêche : réglementation des moyens de production (comme la limitation des licences ou les restrictions concernant les engins de pêche et les navires), mesures de contrôle de la production (quotas individuels, limites du total admissible de capture, par exemple) et mesures techniques (périodes ou zones interdites, taille et sexe des poissons pouvant être capturés, entre autres).

Malgré les efforts déployés par les pays de l'OCDE, entre autres, la surpêche continue d'épuiser les stocks mondiaux. La capacité institutionnelle et la volonté politique nécessaires pour assurer une gestion durable des pêches font défaut dans un certain nombre de pays. En particulier, les processus politiques de fixation des quotas ont souvent abouti à un total admissible de capture dont le niveau est largement supérieur au rendement maximum durable recommandé sur la base des données scientifiques. Un certain nombre de stocks ont par conséquent été fortement surexploités.

Extrait de *Stratégie de l'environnement de l'OCDE. Bilan en 2004*, OCDE, 2004.

Document n° 3 Gestion de la pêche : l'insuffisance de l'approche réglementaire

La réglementation peut prendre diverses formes. La fixation de normes s'appuie sur les connaissances biologiques et techniques et elle doit évoluer avec celles-ci. Pour limiter la surpêche, un total admissible de capture (TAC) peut être fixé, tenant compte du niveau de prélèvement optimal assurant la reproduction biologique d'une espèce donnée à long terme. Parallèlement, des réglementations prévoient de limiter les prises accessoires, c'est-à-dire la capture involontaire d'autres espèces, qui peuvent être considérables et concernent souvent des espèces protégées. Les procédés de capture peuvent être spécifiés et les durées de pêche limitées. Cette réglementation s'avère toutefois insuffisante pour assurer une gestion efficace de la ressource.

La nature des ressources halieutiques, qui sont des ressources communes caractérisées par la rivalité d'usage et la non-exclusion, génère des externalités. En effet, la limitation d'accès n'empêche pas la surexploitation car il n'existe aucun mécanisme incitant le pêcheur individuel à prendre en compte les conséquences de ses prélèvements sur la capacité de reproduction à long terme de la ressource. Chacun a intérêt à prélever le plus rapidement possible avant que ses concurrents n'en fassent autant et que le TAC ne soit atteint, ce qui équivaut à une interdiction de pêcher. Les pêcheurs ne sont donc pas incités à préserver la survie de la ressource, puisqu'en espaçant individuellement leurs prises afin que les espèces puissent poursuivre leur croissance biologique, ils risquent de les perdre au profit de leurs rivaux. Pour cette raison, les limitations d'accès sont souvent assorties de réglementations techniques, comme par exemple la technique du maillage minimum empêchant la prise d'espèces n'ayant pas atteint la taille à laquelle elles peuvent être commercialisables. Mais les dispositifs de contrôle et de surveillance sont très insuffisants pour faire respecter ces réglementations.

Cette course à la pêche conduit à un surinvestissement et à une surcapacité des flottes de pêche. Le coût de cette compétition est élevé et le coût total des captures n'est donc pas minimisé. Cette intensification de l'effort de pêche, qui accroît le volume des prises accessoires, porte atteinte à l'existence de certaines espèces et au bon fonctionnement des écosystèmes. La solution réglementaire reflète les défauts propres à cette approche : caractère statique et non incitatif, lourdeur des procédures ouvrant la voie aux marchandages et aux passe-droits, difficultés de contrôler et sanctionner.

Extrait d'*Economie de l'environnement*, par Annie Vallée, coll. Points, éd. du Seuil, 2002.

Document n° 4 « Briser la concurrence entre les pêcheurs »

On a longtemps géré stocks par stocks avec des quotas de capture décidés par les politiques qui ont souvent interprété de manière assez laxiste les recommandations des scientifiques. Le problème le plus difficile, c'est d'ajuster le taux d'extraction par la pêche au taux de production des ressources dans un contexte où toutes les flottilles sont surcapacitaires. Avec une régulation par totaux autorisés de capture (TAC), l'intérêt de chacun est de capturer le plus vite possible le maximum du TAC. D'où une concurrence exacerbée, l'augmentation des capacités de pêche, la surexploitation. Le processus est vicieux. Il faut briser la concurrence entre pêcheurs, donc restreindre l'accès individuel à la ressource. S'il y a la garantie d'avoir sa part, la course à la technologie et à l'efficacité des navires n'est plus indispensable. Il faut décider des plans de gestion de l'effort de pêche le temps pendant lequel les moyens de capture sont déployés pour contingenter la production par l'activité elle-même. La solution peut être d'attribuer des droits de capturer telle espèce dans telle zone à tel exploitant. En outre, d'ici à 2012, nous devons mettre en place des aires marines protégées. Ces AMP permettent de conserver des écosystèmes, constituent des réserves de biodiversité, protègent des espaces clés du cycle biologique (lieux et périodes de frai et pontes, nourriceries des juvéniles). Cette démarche exige des connaissances dont certaines ne sont pas encore disponibles, par exemple pour les poissons migrateurs.

Philippe Gros, directeur de la recherche halieutique à l'Ifremer.

Document n° 5 La gestion des pêcheries : les marchés de quotas transférables

La combinaison d'une approche réglementaire avec une approche économique, consistant à partager le TAC en quotas individuels transférables et à créer un marché de droits de pêche, semble plus efficace.

Ce mécanisme se caractérise, comme tous les marchés de droits, par la fixation de la quantité émise, le mécanisme de flexibilité qui permet l'échange des droits et doit garantir l'efficacité, et les conditions d'attribution initiale de ces droits.

La fixation du total admissible de capture (TAC), correspondant à l'optimum soutenable, défini en fonction des données biologiques et technologiques, constitue la première étape. Il est réparti entre les pêcheurs, chacun recevant un quota individuel de capture. Ce sont en général les quotas nationaux qui sont divisés en quotas individuels. Ces quotas représentent un pourcentage du quota total autorisé sur une période donnée ; plus la période est longue, plus les pêcheurs sont incités à exploiter la ressource en respectant le rythme de reproduction des stocks et moins ils recherchent des gains immédiats qui lui sont préjudiciables.

Les quotas sont transférables, chaque agent comparant la rentabilité de la capture avec le prix à payer pour détenir le quota. Les coûts marginaux étant différents, les pêcheurs les plus performants achètent des quotas aux moins performants, ce qui assure la rentabilité maximale de la capture totale. La gestion de la ressource est donc efficace sur les plans économique et écologique puisque le coût total de l'ensemble des prises est minimisé et que la capture totale autorisée est compatible avec la reproduction biologique de la ressource. Le risque est toutefois d'éliminer les petits pêcheurs au profit des grandes entreprises. [...]

Les difficultés de mise en œuvre tiennent d'abord à la définition du TAC, qui nécessite une bonne connaissance de la biologie des populations liées à la pêche mais aussi à d'autres facteurs environnementaux. La gestion des quotas suppose un contrôle des prises et des relevés nationaux. Des dispositions particulières à l'écrémage (rejet à la mer de prises trop petites ou trop grandes) et aux prises accessoires (catégories de poissons extérieures aux quotas)

doivent être prévues. Cependant, les coûts de gestion ne doivent pas être excessifs en comparaison des gains attendus. [...]
Alors qu'il fonctionne assez bien dans certains pays, comme l'Islande, l'Australie et la Nouvelle-Zélande, ce système est en effet peu utilisé au sein de l'Union européenne. [...] Les systèmes les plus proches d'un système de quotas individuels transférables sont les systèmes néerlandais et anglais. [...] Au Danemark, des quotas individuels existent mais ils ne sont pas transférables. Dans les autres pays de la Communauté, ils n'existent pas. En France, on pêche jusqu'à épuisement du quota national, c'est ce qu'on appelle « la pêche olympique ».
L'une des objections majeures à l'encontre des quotas individuels transférables est qu'ils impliquent une privatisation, au moins partielle, des stocks de poissons. Les Etats comme les pêcheurs y sont opposés.

Extrait d'*Economie de l'environnement*, par Annie Vallée, coll. Points, éd. du Seuil, 2002.

Travail préparatoire pour la synthèse

Une première lecture permet de repérer le thème général abordé ainsi que les différents répertoires d'idées.

– Le thème abordé : l'épuisement des ressources de la mer (ressources halieutiques) et ses principales conséquences économiques et écologiques.

– Les répertoires d'idées : répertoire n° 1, « les facteurs explicatifs de l'épuisement des ressources halieutiques » ; répertoire n° 2, « les remèdes à ce danger d'épuisement de la ressource ».

Une seconde lecture recense les idées relatives à chaque répertoire :

Répertoire d'idées n° 1 « Les facteurs explicatifs de l'épuisement des ressources halieutiques »	Répertoire d'idées n° 2 « Les remèdes à ce danger d'épuisement de la ressource »
Idée n° 1 : la nature économique de la ressource halieutique explique la tendance à sa surexploitation. Les ressources halieutiques sont en effet des « biens communs » caractérisés par la non-exclusion et la rivalité d'usage (« tragédie des biens communs »).	**Idée n° 1 :** promouvoir une pêche durable, c'est-à-dire une pêche raisonnée qui garantit le renouvellement des espèces. C'est l'intérêt à long terme des pêcheurs, mais cela suppose de trouver un compromis entre les intérêts immédiats des marins pêcheurs et la gestion à long terme de la ressource.
Idée n° 2 : la concurrence entre les pêcheurs conduit à des résultats désastreux pour la ressource ainsi qu'à une surpêche et à un surinvestissement dans des bateaux de plus en plus grands et de plus en plus puissants. Ce qui explique la crise de la pêche artisanale qui ne peut rivaliser.	**Idée n° 2 :** moratoire sur la pêche : interdiction de pêcher certaines espèces, dans certaines zones. Création d'aires marines protégées.
Idée n° 3 : l'inefficacité des réglementations actuelles, notamment la fixation du total admissible de capture (TAC), qui n'incitent pas les pêcheurs à espacer les prises pour laisser à la ressource le temps de se renouveler.	**Idée n° 3 :** création de marchés de quotas transférables adaptés à la pêche sur le modèle des marchés de permis de polluer. Explication du mécanisme : protection par l'incitation couplée à la sanction.
Idée n° 4 : les réglementations sont nombreuses et souvent techniques (taille des bateaux, durée des périodes de pêche), mais elles sont souvent mal respectées (coût et volonté de surveillance) et, surtout, soulèvent l'hostilité des marins pêcheurs soutenus par leur gouvernement.	**Idée n° 4 :** des difficultés de mise en œuvre de ce procédé. Un argument de principe : ce procédé revient à privatiser la ressource.

NOS GUIDES PRATIQUES

jusqu'à **20 %** de réduction

DÉCOUVREZ

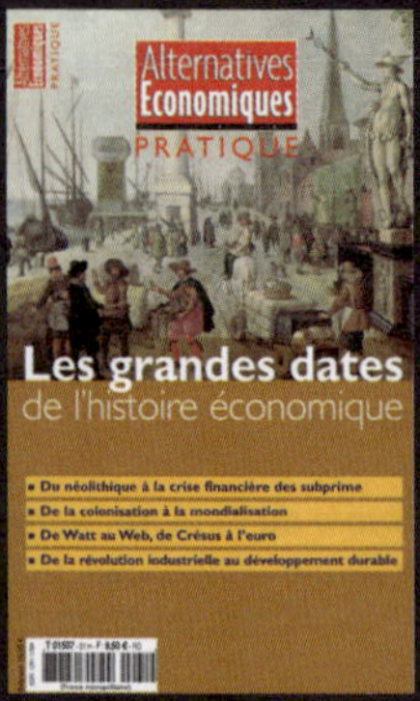

Mieux comprendre l'économie d'hier à aujourd'hui. 168 p.

Comprendre la pensée des grands économistes et leur jargon... 112 p.

parution janvier 2009

Les mutations de l'emploi et des métiers

Les données clés pour savoir où en est la France. 130 p.

Les conseils pour consommer autrement. 176 p.

L'encyclopédie de poche de référence sur l'économie sociale. 232 p.

Commandes et sommaires détaillés sur www.alternatives-economiques.fr/pratique

OFFRE SPÉCIALE DÉCOUVERTE jusqu'à 20 % de réduction

❑ **Oui, je souhaite profiter de votre offre spéciale, j'indique ci-dessous mon choix :**

Réf.	Titres	Nbre d'ex.	Prix unitaire	Montant total
HSP 36	Les grandes dates de l'histoire économique		10,25 €	
HSP 31	Comprendre les économistes		10,25 €	
HSP 37	L'insertion des jeunes		10,25 €	
HSP 34	L'état du développement durable		10,25 €	
HSP 26	La consomation citoyenne		10,25 €	
HSP 22	L'économie sociale de A à Z		10,25 €	
Je commande 4 exemplaires ou plus : je bénéficie de 20 % de réduction que je déduis sur le montant total :				
			Je m'abonne au tarif de	
			Total de votre commande	

Je m'abonne aux 5 prochains numéros

☐ 32 € ☐ Institutions 39,50 €

Je choisis de régler :

☐ par chèque bancaire ou CCP à l'ordre d'*Alternatives Economiques*

☐ par carte bancaire (CB, Visa, Eurocard) paiement sécu

n° ____ ____ ____ ____

expire fin __ / __ Indiquez les 3 chiffres au dos de votre carte : ___

Voici mes coordonnées :

Nom :

Prénom :

Courriel : @

Organisme, société :

Adresse :

Code postal :

Ville :

Commandes par téléphone au 03 80 48 10 40
(paiement par CB)

Date et signature
(obligatoire si paiement par carte)

Merci d'envoyer votre commande accompagnée de votre règlement à *Alternatives Economiques*, Abonnements, 12, rue du Cap-Vert, 21800 Quétigny

Offre valable jusqu'au 31-03-2009 dans la limite des stocks disponibles.

Plan détaillé de la synthèse

Les ressources que l'humanité tire des mers et des océans sont en voie d'épuisement et de nombreuses espèces de poissons sont désormais en dessous du seuil de renouvellement.

La documentation fournie examine les causes principales de l'épuisement de la ressource halieutique avant d'examiner les conditions d'une gestion durable de cette ressource.

1. La tendance à l'épuisement de la ressource halieutique s'explique par la nature du bien et l'échec des réglementations actuelles du secteur

A. La nature du bien crée les conditions d'une concurrence destructrice entre les marins pêcheurs

Les ressources halieutiques appartiennent à la catégorie des biens communs voués par nature à un danger de surexploitation.

Pour un banc de poissons donné, le revenu immédiat d'un équipage dépend de sa capacité à en pêcher la plus grande quantité possible avant ses concurrents. Il en découle une course à la taille et à la puissance des bateaux, des surcapacités dans le secteur et, enfin, des difficultés pour la pêche artisanale.

B. Le secteur est l'objet de nombreuses réglementations, mais celles-ci n'ont pas fait la preuve de leur efficacité

Les réglementations de la pêche sont très nombreuses et complexes : la fixation du nombre de jours de pêche, le type de pêche autorisé pour chaque espèce, la taille des filets, etc. Mais la réglementation essentielle porte sur la définition de quotas de pêche qui prennent la forme de total admissible de capture (TAC) par espèce.

Les TAC par espèce sont exemplaires de l'insuffisance de la solution réglementaire. Les Etats sont souvent captifs du lobbying des marins pêcheurs et adoptent par conséquent des quotas très supérieurs à ceux qui permettraient le renouvellement des espèces. Ces quotas sont par ailleurs peu incitatifs et ne créent pas les conditions d'une exploitation durable de la ressource. Les marins pêcheurs ne sont pas incités à espacer les prises afin de laisser un temps suffisant pour le renouvellement de la ressource. Car si un pêcheur agit ainsi, les prises seront réalisées par les autres, et il ne pêchera rien, puisque le quota sera atteint.

Ces réglementations engendrent aussi des coûts élevés de surveillance et se heurtent souvent à l'hostilité ou à l'incompréhension des marins pêcheurs.

2. La gestion durable de la ressource repose sur la création d'un compromis entre les intérêts économiques immédiats des marins pêcheurs et la préservation de la ressource et nécessite l'instauration de nouvelles solutions

A. La gestion durable de la ressource est de l'intérêt des marins pêcheurs et, au-delà, de l'humanité tout entière

Les professionnels du secteur de la pêche sont prisonniers d'une organisation inadaptée du secteur. Il convient de briser le cercle vicieux de la concurrence dont les marins pêcheurs seront les perdants à long terme. L'épuisement graduel de la ressource s'accompagne en effet d'une crise économique récurrente de la filière. Des régions entières qui vivent de la pêche sont privées de ressources, ainsi que d'emplois et de revenus.

L'épuisement de la ressource peut provoquer des pénuries alimentaires sérieuses dans un contexte d'accroissement de la population mondiale.

B. Une gestion durable passe par l'invention de nouvelles solutions assez difficiles à faire accepter

Le bas niveau des stocks de certaines espèces est très préoccupant. Dans ce cas, la seule solution envisageable est celle de l'interdiction de pêche dans des espaces protégés.

Les économistes préconisent aussi la distribution de quotas individuels transférables sur le modèle des permis de polluer. Ce système est incitatif, puisque chaque pêcheur a le choix entre l'achat de nouveaux quotas individuels et le renoncement à un jour de pêche supplémentaire. Mais les difficultés de mise en œuvre sont nombreuses. Le problème de la fixation du quota global reste entier et les coûts de gestion du système sont élevés. Enfin, l'adoption du système se heurte à la réticence de principe relative à la privatisation d'une ressource, a priori commune.

Sujet et corrigé proposés par Frédéric Larchevêque,
professeur d'économie en classes préparatoires commerciales
au lycée Alfred-Kastler, à Cergy.

■ ■ ■